现代农业产业知识产权分析评议报告

陈晓远　程金生　范文明　著

中国农业出版社

北京

图书在版编目（CIP）数据

现代农业产业知识产权分析评议报告 / 陈晓远，程
金生，范文明著. —北京：中国农业出版社，2022.4
ISBN 978-7-109-29350-2

Ⅰ.①现… Ⅱ.①陈… ②程… ③范… Ⅲ.①农业—
知识产权—研究—中国 Ⅳ.①D923.4

中国版本图书馆 CIP 数据核字（2022）第 066485 号

现代农业产业知识产权分析评议报告
XIANDAI NONGYE CHANYE ZHISHI CHANQUAN FENXI PINGYI BAOGAO

中国农业出版社出版
地址：北京市朝阳区麦子店街 18 号楼
邮编：100125
责任编辑：张 丽
版式设计：杨 婧 责任校对：吴丽婷
印刷：北京中兴印刷有限公司
版次：2022 年 4 月第 1 版
印次：2022 年 4 月北京第 1 次印刷
发行：新华书店北京发行所
开本：700mm×1000mm 1/16
印张：14
字数：280 千字
定价：78.00 元

目　　录

第1章 概　　况

1.1　研究概况

1.1.1　现代农业产业的定义

现代农业是"现代化农业"（the modernization of agriculture）的简称，是以现代工业装备农业，以现代科技武装农业，以现代管理理论和方法经营农业。其基本特征是科学化、集约化、商品化和市场化，根本目的是提高土地的生产率、资源产出率、劳动生产率和商品率，实现农业的经济效益、社会效益和生态效益的统一[1,2]。

现代农业的概念是相较于传统农业的概念而言的。其概念的阐述离不开"现代化"和"产业化"两个鲜明的特点。现代化，体现在其发展的基础是现代工业和现代科学；产业化，则是指在经济社会发生结构性变化的情况下，对传统农业运行和管理方式的系统改变，是农业向现代化发展的必然趋势。走农业的工业化和企业化之路，需要依托于工业本身的持续发展和其对农业的强力支撑。

结合中国的基本国情，中国的现代农业产业化过程是按照市场经济运行的要求，结合不同的资源条件，以产业分类、项目设计和企业经营为结合点，以市场需求为导向，以产业价值和效益为中心，以科技创新应用为依托，以农业资源为基础，以保障高质量农产品供给、农民增收、农业增效、农村和农业可持续发展为目的，在保持家庭联产承包责任制不变或和谐渐变的前提下，实现农业现代化发展的过程。其实现途径是提高农业劳动生产率、资源产出率和商品率，最终建成农工贸紧密衔接、产加销融为一体、多元化的产业形态和多功能的产业体系，使作为国民经济基础的农业，逐步成长为具有高产值、高效率、高效益的现代基础产业，让我国的农业现代化发展水平与整个国民经济发展水平相适应[3,4]。

现代农业的基本特点是高产、优质、低耗、高效。它的基本特征是：现代农业机械体系的形成和广泛应用，石油、电力等商品性能源成为主要动力；具有完备的、高质量的农业基础设施；电子、原子能、激光、遥感技术、人造卫星及生物工程、材料科学、信息科学等最新技术应用于农业；建立在现代自然科学基础上的一整套科学技术的形成和推广；良好的、高效能的农业系统逐步形成；农业生产的社会化管理程度有很大提高，小而全、大而全的自给自足生产被高度社会化、专业化、商品化生产所代替；农产品的生产、生产资料的供应与农产品的加工销售有机结合，形成农、工、商一体化；现代管理科学和电子计算机等在农业生产中的应用越来越广泛；现代农业的大发展，大规模地提高了劳动生产率[5,6]。

根据韶关现代农业产业发展的现实情况和现代农业产业链上的重要环节及技术关键点研判分析（详见第三章），本次报告选取了"精准农业"和"农产品质量安全及管理追溯系统"作为韶关市现代农业产业知识产权分析评议的两大方向，调查围绕农业实时监控技术，农业可变速率技术，农业图像识别技术，农业无人机（植保无人机）应用技术，农产品质量安全、防伪及产地溯源技术展开。

1.1.2 现代农业产业的组成及发展历程

现代农业是指在现代工业和现代科学技术基础上发展起来的发达农业，萌发于资本主义工业化时期，是第二次世界大战以后伴随现代科学技术的进步逐渐形成的。随着科技的进步，现代农业的内涵发展也在不断地演进。在时间和空间不断变化的前提之下，处于不同历史阶段和不同地域、具有不同意识形态的人们对其认识虽不尽相同，但都朝着丰富和完善它的方向上努力。

从生产经营和组织形式上看，现代农业产业化是一种现代化的经营方式和产业组织形式，其具有因地制宜、动态运行的特点，其组织形式会随着市场规律的变化而不断变化。从发展趋势来看，现代农业产业是越来越多地利用现代物质条件和先进装备，通过现代科学技术进行改造并依托现代经营形式发展，利用现代发展理念指导的农村第一、第二、第三产业融合，产前、产中和产后一体化的产业体系（图1-1）。

20世纪70年代前，世界范围内普遍认同现代化农业包括农业机械化、化学化、水利化与电气化，强调"石油农业"和"工业化农业"。而20世纪70年代以后，发达国家在实现了"四化"的同时，发现同步出现的还有严重的资源和环境问题，于是又将重点进行了调整，转而重视环境保护和生态平衡，随后又提出了"生态农业""有机农业""绿色农业"等一系列新概念，意图在发展农业的同时尽可能地降低对资源的消耗和对环境的破坏。进入21世纪，计算机技术、通信技术、互联网技术、生物技术和信息技术等一系列高新科技的迅猛发展和长足进步，令人们发现一些原本不是为了农业目的而研究的科学技术手段甚至经营管理方法可以应用到农业领域，于是有越来越多的新技术和新经营模式跨界应用于农业产业的生产与经营，更好地服务于农业现代化[7]，也就出现了当今社会人们看到的航空育种，基于物联网技术的智能温室管理、无人机植保，基于图像识别技术和人工智能技术的农业病虫害远程诊断及治理，

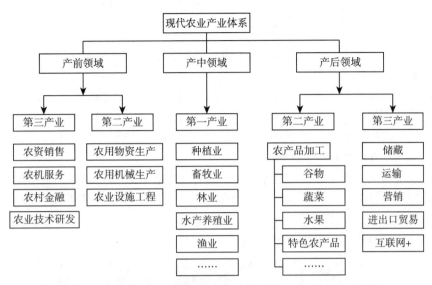

图 1-1　现代农业产业体系的内涵及其与三大产业的关系示意

基于互联网技术的农村电子商务，基于信息技术的农产品源产地和质量安全追溯技术等一系列跨界的技术融合成果[8,9]。这些成果的应用和普及极大地推动了世界范围内的粮食安全发展进程，使得当今世界各国的粮食之基更牢固、发展之基更深厚、社会之基更安定[7-10]。

　　自新中国成立之初到 2018 年，中国的粮食亩产从 137 斤* 增加到 749.4斤，年粮食总产量从 11 318.4 万吨增加到 65 789.22 万吨。70 年的时间，中国人民经历了从吃不饱饭到解决温饱问题再到现在的"菜篮子"丰富、"米袋子"充实、"果盘子"多彩，不仅基本上实现了粮食自给自足，而且肉蛋菜果鱼等产销量也稳居世界第一，实现了让 14 亿人吃得饱、吃得好的目标。从2004 年到 2015 年，中国的粮食生产实现了十二连增的奇迹，并且此后也连续地稳定在年产量 1.2 万亿斤的高位上。2016 年，联合国粮食及农业组织助理总干事劳伦特·托马斯在接受中国记者采访的时候表示，这些年来，联合国粮农组织非常自豪地见证了中国以仅占世界 9％的可耕地面积和 6％的淡水资源养育了 22％的世界人口的巨大成绩，欣喜地看到中国从早年的粮食受援国转变为向许多南半球国家提供技术援助和其他粮食解决方案的主要援助国。这些举世瞩目成就的取得，依托的是中国农业科技的持续发展，中国政府重视"三农"问题，加大"三农"投入，中国农业体制机制改革创新和与时俱进，中国农业现代化程度的逐步加深。

---

　　* 斤为非法定计量单位，1 斤＝0.5 千克。——编者注

1.1.3 现代农业产业的应用方向

在现代农业中，农业实时监控技术，农业可变速率技术，农业图像识别技术、农业无人机（植保无人机）应用技术，农产品质量安全、防伪及产地溯源技术是应用范围最广的关键技术。其具体应用方向包括设施农业、无土栽培、观光农业、精准农业、太空农业等农业生产经营模式，目的是通过运用这些现代科技手段进行农业生产种植和经营，实现农业规模化、产业化、精准化发展，促进农业附加值增长增收。

设施农业主要是以智能温室为主，智能温室称作自动化温室，是指配备了由计算机控制的可自动开启天窗、遮阳系统、保温系统、升温系统、湿窗帘/风扇降温系统、喷滴灌系统或滴灌系统、移动苗床等自动化设施，基于农业温室环境的高科技智能温室（图1-2）。

图1-2 设施农业的代表——智能温室大棚

无土栽培是一种不采用天然土壤而采用含有植物生长发育必需元素的营养液来提供营养，使植物正常完成整个生命周期的栽培技术（图1-3）。它包括水培、雾（气）培、基质栽培。无土栽培一般可应用于蔬菜、花卉、水果、烟叶等农作物种植。

观光农业主要是设施农业、无土栽培在农业观光方面的运用，如生态餐厅和农业观光温室等，可以是集观光游览、餐饮休闲、技术展示、科普教育等于一体的高科技农业精品主题公园，如生态农业观光园（图1-4）。

精准农业是由信息技术支持的，通过对互联网系统、水肥一体化系统和植保无人机的应用，根据空间变异，定位、定时、定量地实施一整套现代化农事操作技术与管理的系统，是当今世界农业发展的新潮流[7,10]（图1-5）。

图1-3　现代农业技术之无土栽培

图1-4　观光农业——生态农业观光园规划效果

图1-5　精准农业之物联网技术示意

太空农业是以航天技术为基础，为开发利用太空环境资源而开辟的一个崭新的农业领域（图1-6）。其中包括利用卫星或高空气球携带作物种子、微生物菌种、昆虫等样品，在太空环境下直接种养、生产农产品，用于解决太空人员的食物来源，甚至返销地面以补稀缺。

图1-6 精准农业之太空农业

农村电子商务通过新的销售渠道促进农产品销售，降低交易成本，简化交易流程。农村电子商务产业链涵盖了从农产品生产、加工、仓储、销售到发货、售后服务等一系列活动。这些活动为农村地区的农民、返乡的工人、未就业大学生和其他弱势群体（妇女、老年人和残疾人）提供了就业和创业机会，以及各种增收渠道。

国家食品药品监督管理总局及其地方分支机构负责监督市场上销售的食品是否符合国家食品安全标准。对于不符合标准的产品禁止其进入市场，其中也包括线上市场。互联网技术的使用促进了农产品质量安全追溯体系的建立（图1-7）。例如，山东省寿光市农业局创建了一个辣椒和其他蔬菜的质量追

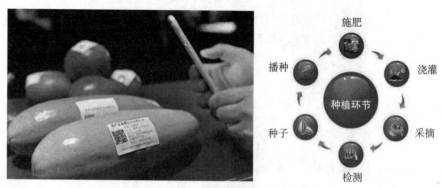

图1-7 农产品质量安全追溯技术示意

溯系统，农民可以免费使用。用户通过手机 App 扫描二维码，便可快速获取该产品种植基地、采样时间、农药浓度检测结果、种植（修枝、灌溉、授粉）、收获、销售交易数据等信息。这些信息的获取有助于增强客户对产品质量和品牌的信心[11]。

1.2　项目研究背景

1.2.1　研究背景

现代农业产业发展受到越来越多的重视和关注，2019 年伊始，国务院发布《中共中央　国务院关于坚持农业农村优先发展做好"三农"工作的若干意见》，明确指出加快突破农业关键核心技术，强化创新驱动发展，实施农业关键核心技术攻关行动，推动生物种业、重型农机、智慧农业、绿色投入品等领域自主创新。建设农业领域国家重点实验室等科技创新平台基地，打造产学研深度融合平台，加强国家现代农业产业技术体系、科技创新联盟、产业创新中心、高新技术产业示范区、科技园区等建设。培育农业产业化龙头企业和联合体，推进现代农业产业园、农村产业融合发展示范园、农业产业强镇建设。健全农村第一、第二、第三产业融合发展利益联结机制，让农民更多分享产业增值收益。

2020 年 3 月广东省发布的《〈"双十"产业集群〉通知》，将"现代农业与食品"产业集群确定为广东省的"十大战略性支柱产业集群"之一。

现代农业具有四大标准（图 1-8），一是种植、养殖科学化，现代农业将一套建立在现代自然科学基础上的农业科学技术应用到农业生产实践中；二是作业机械化，我国大田种植的面积比例大，现代农业采用现代工业装备机械化作业；三是管理信息化，现代农业通过信息化对人员、设备、生产资料、过程监控等一系列进行科学管理；四是产品标准化，现代农业通过种植、养殖科学化、作业机械化和管理信息化为消费者提供标准化（外形、重量、品质）的产品，在后续的分选、加工、包装、冷藏、物流过程中也进行标准化的操作。有

图 1-8　现代农业的四大标准

关评议要围绕现代农业的这四大标准展开，并关注现代农业的三大特征，即如何广泛地运用现代科学技术；如何把工业生产的物质和能量投入农业生产中，提升市场化和商业化程度；如何使农业生产走上区域化、专业化、集约化的道路。

管理信息化，是指在现代农业产业全流程的管理过程中，以现代通信、网络、物联网和数据库技术为基础，融合大数据、云计算及 AI 人工智能等高新技术，对农业的经营、管理、生产、流通方式进行改造，从而极大地提高农业生产全产业链的运行效率和安全性。农业信息化是现代农业的制高点，根本目的是提高农业生产效率，强农惠农。参考历年中央 1 号文件的表述，农业信息化命题的具体表述已经逐渐成熟，各项举措的推进力度也将更大。"机械化"与"信息化"是"农业现代化"的主要落地形式。在过去的十多年间，由于国家补贴政策的逐步落实，虽然东西部地区和南北方地区的发展还存在不同步、不均衡的问题，但我国整体的农业机械化程度已经大幅提高。未来，信息化将接替机械化成为农业现代化的重点[12]。

促进农业提产、实现供需平衡最为关键的现代农业技术，就是物联网[13]。近年来，随着"信息化"时代的不断发展，作为新一代信息技术的重要组成部分，"物物相连的互联网"——物联网技术兴起并快速发展，应用的领域和范围也不断地拓宽。物联网通过智能感知、识别技术与普适计算等通信感知技术，广泛应用于网络的融合中。作为互联网的应用拓展，物联网利用局域网或者互联网等通信技术把传感器、控制器、机器、人员和物等联接在一起，形成人与物、物与物相连，实现信息化、远程管理控制和智能化网络。倪光南院士认为物联网是通过各种传感技术（RFID、传感器、GPS、摄像机、激光扫描器等）、各种通信手段（有线、无线、长距、短距等），将任何物体与互联网相联接，以实现远程监视、自动报警、控制、诊断和维护，进而实现"管理、控制、营运"一体化的一种网络。中国物联网校企联盟将物联网定义为当下几乎所有技术与计算机、互联网技术的结合，实现物体与物体之间环境及状态信息实时的共享，以及智能化的收集、传递、处理、执行。若作广义理解，则凡涉及信息技术的应用都可纳入物联网之范畴。伴随着其在生态农业、精准农业、智慧农业等范围内的应用和普及。物联网有望成为促进农业提产、实现供需平衡的关键技术。当前，在实际的农业生产和经营活动的实践中，由于采用了基于物联网的先进技术和解决方案，通过实时收集并分析现场数据及部署指挥机制的方式，已达到提升运营效率、扩大收益、降低损耗的目的[14-17]。

农业实时监控技术、可变速率技术（智能灌溉、精准播种、精准施肥、精准施药、作物生长进程动态调控等）、农业图像/视频自动识别技术、农业植保无人机飞防技术等多种基于物联网技术的农业相关新科技的应用，将推动传统农业生产、经营流程的改进[13,17]。物联网技术可用于解决农业领域特有问题，打造基于物联网的智慧农场，实现作物品质和产量双提升。

韶关作为粤北生态发展区中坚力量，人均耕地面积在全广东省排第一，拥有浓厚的农耕文化，其得天独厚的自然环境和产业基础奠定了韶关农业鲜明的特色和优势。近年来，韶关市各地立足资源禀赋，充分挖掘地域特色，大力推行标准化生产，开展"三品一标"认证，健全监测监管和追溯体系，严格农产品质量监管，大力发展优质稻、优质蔬菜、优质水果、茶叶、中药材、花卉、黄烟等特色种植业，特色农业已形成一定的规模[18,19]。

现代农业产业的发展，离不开现代农业产业园的建设和带动，自韶关市省级现代农业产业园创建以来，市委市政府高度重视，大力推动韶关市现代农业产业园建设，进一步健全全市农业产业体系，推进农业产业调结构、提品质、树品牌、拓链条，为农业农村经济持续健康发展注入新动能和新活力。2018年以来，韶关市省级现代农业产业园建设取得了阶段性成效，通过做强特色优势产业，从生产、加工、仓储、物流、研发到销售等全产业链，实现第一、第二、第三产业融合发展[18,20]。

2019 年 6 月，在广东省农业农村厅公布的 2019 年第二批省级现代农业产业园名单中，其中粤东、粤西、粤北地区省级现代农业产业园建设名单共计25 个，韶关有 5 个农业产业园入列。截至 2021 年 6 月，韶关获批的省级现代农业产业园总数已达 11 个，同时还完成了产业园在韶关市全覆盖的目标，获批的产业园数量位列全省第二；在韶关的现代农业技术的应用实践中，已经实现了：无人机进行统防统治；收割机进行机械化收获；在各个高标准现代农业示范园，工人通过手机就可对温室进行自动化管理。在历史发展的机遇期，韶关市应当发挥地域优势，积极总结并寻找技术增长点，以技术为引领，注重智力资源的挖掘和人才的利用，规避有关风险并利用科技成果服务韶关现代农业产业的发展。

1.2.2 各章节研究内容

针对韶关市现代农业开展知识产权分析评议，本书各章节研究内容如下。

本书的前两章，是对现代农业产业的概况及发展现状的分析和研究。该部分从宏观上介绍现代农业产业的技术概况，并对具有代表性的发达国家的农业产业发展情况进行评述，结合中国的政策背景对现代农业产业的发展状况和前景进行分析。重点通过对相关政策、韶关市现代农业产业的发展规模、韶关市现代农业产业面临的实际问题进行分析，研究韶关市现代农业产业的发展现状，力求从知识产权评议角度为未来韶关市现代农业产业相关政策的制定提供参考和基础理论依据。

第3章，对韶关市现代农业知识产权分析所采用的分析工具和策略进行研究。本章主要围绕现代农业应用技术展开，研究涉及的知识产权文献剔除了非技术的成分，不仅考虑了韶关市本身的实际情况，也考虑将韶关市放在全省、全国的大范围内进行分析和比较。在本章，对拟采用的分析工具和资源进行了必要的甄选，在围绕韶关市现代农业进行技术分解、检索时间范围分析、检索要素的拓展和优选、检索策略的制定的基础上制定了恰当的检索策略，并对检索结果进行了必要的评估和降噪处理，使有关结果得以反映实际情况。

第4章至第8章，以韶关市的专利数据检索结果为依据，分别对韶关市的农业类专利数据、现代农业技术方向上的专利数据进行了检索、梳理和分析。对韶关市农业类专利的重点申请人的相关专利信息、韶关市的高强度农业类专利和韶关市的农业技术人才情况进行分析，重点研究有关专利的申请趋势、法律状态、申请人类型及排名，以及授权专利5年有效维持率；重点申请人专利布局的技术领域和专利申请及管理的特点；高强度专利的排名，同族专利情况和引用与被引的次数；重点发明人的所属技术领域、所属单位类型及授权专利的权利维持情况。

第9章，对韶关市在现代农业产业各细分领域中的知识产权情况进行全面分析。从现有专利申请数据的客观角度深入分析广东省及韶关市农业实时监控技术、农业可变速率技术、农业图像识别技术、农业植保无人机技术、农产品质量安全及管理溯源相关技术的发展现状和趋势，重点分析韶关市在发展现代农业产业上的潜力、优势和短板，并提出参考性建议，明确韶关市现代农业产业的发展方向和建设的发力点。

第10章，对中国现代农业相关技术专利信息进行分析，对农业实时监控技术专利、农业可变速率技术专利、农业图像识别技术专利、农业植保无人机技术专利、农产品质量安全及管理溯源技术的专利情况进行分析，重点研究有关专利技术分布、技术发展趋势、主要申请人地域分布、主要申请人情况及细分技术构成情况。

第11章，对国家级现代农业产业园优势经验进行介绍，对国家现代农业产业园的发展阶段及地域分布进行分析，并从政策指引和产业发展现状选择对标现代农业产业园，以湖北省潜江市现代农业产业园和新会陈皮国家现代农业产业园为例，对其发展情况进行分析和研究，探寻现代农业产业园可供参考借鉴的要点。通过分析，明确兄弟省市的政策导向和园区的发展经验、教训，为韶关市政策的制定提供参考。

第12章，对具有代表性的现代农业企业进行分析。在现代农业企业定义分析的基础上，结合技术发展趋势、中国专利区域分布分析、技术分布、研发人员研发活动分析、产业竞争者布局分析、产业竞争者研发实力对比分析、来华专利技术来源地分析、失效专利技术分析、主要国内申请人海外布局分析等，具体对具有代表性的农业全产业链龙头企业进行深入剖析。

第 13 章，对中国现代农业产业领域高强度专利进行分析。利用专利分析工具，对高强度专利地域分布进行分析，对高强度专利权人分布进行分析，对高强度专利基本法律信息进行分析。分析高强度专利有利于规避可能遇到的现代农业产业领域潜在的知识产权风险，并且可以通过高强度专利分析找到技术研发的新方向。

第 14 章，对相关技术可供引进人才分布等进行分析。根据数据对农业实时监控技术，农业可变速率技术，农业图像识别技术，农业植保无人机应用技术和农产品质量安全及管理溯源技术等具体的现代农业产业先进技术领域的有关发明人情况进行分析，为韶关市相关政策的制定提供参考。重点为未来韶关的农业产业人才培养、人才引进和项目落地提供参考。

第 15 章，基于前文知识产权分析评议基础，对韶关市现代农业产业发展归纳结论及建议。

总之，通过上述研究，可以分析并研判韶关市在发展现代农业产业上的潜力、优势和短板，寻找可供借鉴的政策导向和园区的发展经验或者教训，有利于明确韶关市现代农业产业的发展方向和建设的发力点，还可以为未来韶关现代农业产业人才培养、人才引进和项目落地提供政策建议、决策参考和支持。

第 2 章 现代农业产业发展现状

2.1 现代农业产业体系构成

发展经济学家西奥多·舒尔茨在他的著作《改造传统农业》中，将传统农业描述为"完全以农民世代使用的各种生产要素为基础的农业"。工业革命之后，随着越来越多的现代科技成果逐步地、大规模地应用到农业领域，农业经历了由传统农业向现代化农业的转型。现代农业对土地和劳动力的依赖逐步减少了，但是对于良种、化肥、农药、农机、科技甚至互联网、通信卫星等却产生了严重的依赖。全球的农业，包括中国农业在内，都不可逆转地迈向了现代化，而且是资本化程度迅速提升的现代化。农业正在从一种劳动密集型的传统产业向资本密集型的现代产业发生着悄然的变化。

由于现代农业生产的目的不是为了满足农民家庭直接消费的需要，而是面向市场进行商品化生产。这样就使得农产品的加工、包装、运输、宣传、销售等环节变得非常重要，从事这些环节工作的企业和个人也逐渐地和种植、养殖、生产主体加强了联系和融合，共同构成了一个专门的产业。现代农业已经不仅仅局限于种植和养殖环节，而是向产前、产后环节延伸，形成了包括农业资本融资、农业生产资料投入、种植养殖生产、农产品粗/深加工制造、农产品品牌塑造、农产品包装宣传、农产品运输销售（冷链）、餐饮、观光旅游、体验教育等诸多环节在内的产业链，构成了一个现代化的农业相关产业体系。如亨利·伯恩斯坦在其著作《农政变迁的阶级动力》中所言，在工业资本主义到来之前，农耕在社会和空间的范围上都是有限的。在现代经济的出现和发展过程中，农业被整合进资本主义生产体系，成为现代经济的一个部门。

中国有着大国小农的悠久历史和现实国情。从新中国成立伊始的农业合作化到 20 世纪 70 年代末开始的分田到户，再到四十多年来的市场化改革，中国的农业生产经营主体发生了很多很大的变化，规模化经营的新型农业经营主体迅速崛起。各种规模化、现代化的农业示范基地，现代农业产业园，农民合作社，农业现代化龙头企业在政策的指引和扶持下日新月异，在取得良好的经济效益的同时，还发挥出很大的示范、辐射和带动作用。中国农村、农民的现代化，离不开农业产业的现代化发展。农业的产业化和现代化转型，离不开分工的深入化、生产的现代化和社会化。

在现代农业产业体系（图 2-1）中，产前和产后环节所占的比重甚至要远远地超过种植和养殖的产中环节。早在 20 世纪 80 年代初，包括美国、日本、欧盟在内的发达国家和地区，传统农业国民总产出的比例已经下降到 2% 左右，但农业相关产业在国民经济总产出中却稳定在 8%～10%。有研究数据显示，早在 2014 年，美国农业（包括农林渔猎业）本身的增加值为 2 154.16 亿美元，但与农业关联的食品、饮料和烟草产品制造业，食品和饮料商店零售业，餐饮服务业等产业的增加值合计为 7 415.24 亿美元，相当于农业增加值的 3.44 倍；同年，农业就业人数为 40.97 万人，与农业关联产业的就业人数相当于农业就业人数的 14 倍。

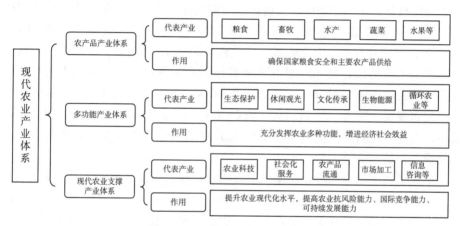

图 2-1　现代农业产业体系构成

2.2　发达国家现代农业产业的发展启示

农业现代化是世界农业发展的基本趋势。第二次世界大战之后，很多国家在农业现代化建设方面取得了突破性进展，农业已由资源依附型产业转化为智能依附型的高效率、高附加值、高效益的现代产业。发达国家历经一百多年，创造适应自身特点的不同发展方式，最终均实现了农业现代化。中国农业现代化水平较低，综合农业现代化指数仅排世界第 65 位。中国正处于传统农业向现代农业转变的关键时期，随着农业的发展，凸显出各种矛盾和问题，这些也是其他国家农业发展中所遇到过的问题。因此研究和借鉴其他国家农业发展的经验，对于发展中国农业现代化具有重大的意义[21,22]。

2.2.1　美国现代农业产业发展策略

美国是当今世界农业现代化程度最高的国家，早在 19 世纪 60 年代，在一系列政策的指导下，美国农业就开始步入现代化进程。经过长期发展，现代农业成为美国最具竞争力的优势产业之一。美国现代农业的特点及发展经验，对于中国农业现代化建设有着重要启示。

美国现代农业生产的规模化、产业化、区域化模式突出，农业生产率位居世界前列。美国地域辽阔，资源丰富，气候条件适宜，土地、草原和森林资源拥有量居世界前列，发展农业具有得天独厚的自然条件。美国农业实行规模化、产业化和区域化的经营模式，现代化、机械化程度高，农业生产率在世界居于前列。

美国农业实行农场式的经营管理。早在 20 世纪 40 年代，美国就已基本实现农业机械化。美国农业生产主要依靠家庭农场，农场经营规模大，农业现代化、机械化程度高，全部实行机械标准化作业，生产效率高。据统计，2007 年，美国共有 220 万个农场，土地面积为 3.73 亿公顷，平均每个农场土地面积为 170 公顷，每 100 平方千米耕地拥有的拖拉机数量为 271 台。2016 年美国的人均耕地面积为 0.47 公顷。2018 年，美国农业从业人口为 205.6 万人，仅占美国全部人口的 17.4%。农业就业人员占美国就业总人数的 1.42%，其中，农业男性就业人员占男性就业人员的 1.99%，农业女性就业人员占女性就业人员的 0.74%。

形成了高度融合的产业化体系。现代农业体系涉及生物学、地理学、气象学、生态学等学科，将农业生产、工业制造、商品流通、信息服务、金融支持等产业融为一体，形成了一套产前、产中、产后紧密结合的产业化体系，是多学科、多部门的系统化综合体。美国现代农业体系以高科技含量、高资本投入、高产出和高商品率为特点，形成了现代集约化、高度社会化和国际化的农业形态。美国现已建立了以农工综合企业、工商企业和农业合作社等行业组织为主的产业化经营体系，打造了一条农产品生产、加工、营销各环节紧密相连的产业链。

根据气候和土壤等自然条件形成了专业化、区域化的布局。目前，美国农业在行业上实行比较严格的分工，生产环节上进行细致的专业化细分，建立了各种特色鲜明的产业带：如东北部地区雨量充沛、气温较低，适宜牧草生长，形成了"牧草和乳牛带"；中北部地区地势平坦、土地肥沃，冬季寒冷漫长，非常适合小麦生长，形成了"小麦带"。此外还有大湖区附近的"玉米带"、南方的"棉花带"、太平洋沿岸"综合农业带"等。这些产业带结合了气候、地理等条件，有利于发挥比较优势，降低生产成本，提高生产效率。

美国建立和完善了农业法规和配套体系，美国农业法律法规十分健全。美国重视对农业的保护，在立法、制度、政策等多个层面扶持农业发展，为农业发展提供全方位支持和指导。1933 年，美国通过《美国农业调整法》，对确立农业基础地位、实现美国农业政策具有重要意义。20 世纪 80 年代后，美国形成了一个独立的农业法律体系。2007 年，美国出台了新农业法案，形成了以农业法为基础、一百多部重要法律为配套的完善的农业法律体系，内容涵盖农业市场、农产品贸易、农业信贷、农村发展、农业研究推广和教育、土地开发和利用、农业投入、农产品价格保护、农业资源和环境保护、病虫害防治等方面。

　　各项法律既规定了农民及为农业生产服务企业的行为，也规定了政府干预经济发展的行为。农业法律制度从根本上保障了土地的占有、使用、收益和处分，提高了农产品质量，推动了农产品出口，保障了粮食安全。

　　美国现代农业的配套设施和服务体系逐步完善。在不同发展阶段，美国政府针对农业发展中存在的矛盾和问题，适时出台一系列农业保护政策，包括价格支持、财政补贴、信贷税收、对外贸易等方面，形成了完善的政策体系。如美国每年根据玉米、棉花、大米、小麦等主要农产品的市场需求情况，制订农产品计划，在农民自愿基础上，与之签订合同，确定一定比例的土地进行停耕、休耕和转耕，并对资源休耕的土地给予补贴。同时，美国成立了农产品信贷公司，直接从农业部借来资金执行价格支持计划。美国还健全了农业保险体系，通过实行农业保险制度，规避了农业生产的风险，减少了自然灾害对农业生产造成的损失，并对农业投资实行税收优惠政策，税收减免可达应缴税收的 48%。

　　重视对农业的指导和调控。美国一般不直接对农场主发号施令，对农业的宏观调控主要通过专门的职能机构。美国农业部作为美国重要的经济管理部门，负责对农业进行总体宏观调控。农业部机构设置完善，下设近 30 个办公室、局、署，职能涉及农场服务、食品安全、市场监管、资源保护、教育科研、农村发展等多个领域。各级政府职能部门及各种商会、协会等民间组织也对农业发展的需求进行引导。

　　农业教育作用突出，科技化、现代化程度高。美国高等农业院校在美国现代农业旅游策划发展中发挥了重要作用。内战后美国建立了大量赠地学院，充分利用高校人才密集、设备先进的优势，集中大量人力物力广泛开展有针对性的科学研究，培养了农业现代化所需要的大批实用型人才，为农业发展提供了强有力的技术保障。农工教育也成为美国高等教育的重要部分，最有代表性的是以农业教育著称的康奈尔大学和以理工教育见长的麻省理工学院。

　　重视农业发展的科技支撑。美国持续加大对农业的科技和教育投入，提高农产品科技含量，不断提升农业现代化水平；重视农业科技的推广和应用，不断推进科技创新。1996 年，美国农业部成立了国家农业研究、教育和经济顾问委员会及农业科研攻坚战略计划署。2002 年，美国联邦政府再次投资 13 亿美元，建立新的农业推广和研究计划。2007 年，新农业法案再次加大了农业研究和推广力度，预算增加至 15 亿美元。通过实施农科教、产学研一体化战略，美国构建了新型农科教技术创新体系及运行机制，建立了一批具有国际水平的大学科技园区和农业科技基地，将农业科研成果和新技术迅速转化到农业生产领域。建立了畅通灵敏的农业信息化发布体系，美国农业部和有关州设立了多个信息收集办事处，负责搜集、审核和发布农业市场及技术信息，农民可便捷地享受到政府科技服务。此外，建立由农业部科研机构、赠地学院农业科研及推广机构和企业科研机构等组成的农业科技服务体系，为农业发展提供强大智力支持。

高科技农业得到发展。针对现代农业发展中产生的土壤流失、地力衰竭、遗传多样性减少、能源利用率低等诸多问题，美国注重提高农业发展的科技含量，推行"低投入可持续农业"的生产方式，大力发展绿色农业、精细农业、信息农业和生态农业。在大中型农场中推广使用沼气能、风能、太阳能和地热能等可再生能源和清洁能源，减少对化石能源的依赖，并逐渐从以玉米为主的生物燃料产业向以非粮食作物为主的生物燃料方向转变，利用非粮食作物发展生物燃料产业。为防止和减少农业生产对环境的污染，保护自然资源，美国充分利用农业生物技术，培育优良品种，加强对农业病虫害的研究和控制，大大提高了农作物产量。

2.2.2 日本现代农业产业发展策略

在发达国家中，日本是中国的近邻，与中国情况极为相似，同属于小农经营，都具有人多地少、土地零碎、人均资源匮乏、生产规模小的特点。虽然目前日本还存在农业过度保护、农业规模化经营程度未达预期等情况，但与中国相比，日本农业现代化程度位居世界前列，其在农业现代化进程中的农业问题并不突出，并且独具特色。希望通过梳理和总结日本现代农业产业发展过程中农地制度变化和农业经营主体的培养、农业安定经营的举措、现代农业产业特点、推动现代农业产业发展的成因等方面的情况，总结日本现代农业的发展经验，为提高中国现代农业发展水平提供借鉴与参考[21,23]。

农地制度变化和农业经营主体的培养。从战后至今，日本的农地制度在政府的主导下发生了很大程度的变化。日本现代农业产业发展过程中，随着政府政策的调整，农业经营主体的培育经历了自耕农、核心农户、法人化、村落营农及认定农业者等多种演变，整个政策调整过程大致可以分为五个阶段。具体历史阶段、培育对象、出台法律和关键政策解读等信息详见表 2-1。

表 2-1　二战后日本农地制度变化情况说明表

历史阶段	培育对象	法律或政策	关键政策解读	引导结果
1945—1960 年	自耕农	《农地法》(1952 年颁布实施)	土地经营规模在东日本 0.10 公顷、西日本 0.05 公顷以上的家庭或者农作物年销售额达到 1 万日元以上的家庭规定为农户	保护了自耕农、缓解战后就业的社会问题，但也造成了大量零碎分散的小农户经营
1961—1969 年	核心农户	①《农业基本法》(1961 年颁布实施)；②《农地法》(1962 年修改)	①放宽农地转移条件，培育自立经营，均衡城乡收入，促进日本农民阶层分化，鼓励部分小规模农户脱离农业，释放土地并合理流转，促进传统的小规模农业经营向大规模经营方向发展。促进农地的租借和买卖。②《农地法》(1962 年修改)对农地最大面积的管制上有所放松，设立了农业生产法人制度和农地信托制度	离土不离乡的兼业农户后来并没有放弃农业和土地。农业结构改革并不顺利，并没有实现农地的顺利流转，也未能实现培育自立经营的目标。但受日本大米价格高涨和非农兼业收入的支撑，日本农工间收入差距不断缩小，最终达到了均衡
1970—1993 年	高效、稳定的农业经营主体(法人化)	①《农业振兴地域整备法》(1969 颁布，1970 实施)；②《农民年金制度基金法案》(1970 年颁布)	①1970 年实施的《农业振兴地域整备法》对《农地法》进行了修改，重点对土地租用制度进行了完善，由原来的"自作农制度"向"耕作农制度(只有农业生产从事者才有农地权利的取得)"转变；②1970 年《农民年金制度基金法案》具体包括社会保障事业性质的农民老龄年金和农业结构改善事业性质的经营转让年金、离农给付金、农地的收购与转让，以及购买农地资金贷放等	《农民年金制度基金法案》保障了农民晚年生活，培育了年轻化农业经营业主，实现耕地流转、规模化经营。其运作的效果不仅保障了老龄化农民和离农农户的生活，而且有效地促进了土地的合理化流转
		①《农用地利用促进法》(1980 年)；②《80 年代农政的基本方向》(1980 年)	①通过征收高关税来保护本国农业；②《80 年代农政的基本方向》提出将有男性骨干农业劳动力的核心农户作为培育目标	1980 年之后，日本农业长期依靠高关税保护，国际农产品贸易自由化的竞争压力加大，而农业也逐渐面临核心农户减少、老龄化加剧和农业劳动力不足等问题

（续）

历史阶段	培育对象	法律或政策	关键政策解读	引导结果
1970—1993年	高效、稳定的农业经营主体（法人化）	①《新粮食、农业、农村政策的基本方向（1992年）；②"认定农业者"制度（1992年）；③《农业经营基础强化促进法》	①"认定农业者"制度对农民（或农业组织经营体）所制订的农业经营改善计划进行认定（5年之后需重新认定）。认定后的政策支持包括农业经营基础强化基金等低利率融资制度、农地流转对策和以农业为主农户的基础设施配备事业补贴支持；②1993年制定的《农业经营基础强化促进法》，促进农地规模连片	降低了农业经营的金融融资难度，推动了农地的顺利流转，完善了基础设施建设，培育了一批自立经营的农业经营主体。土地向规模化农户或经营组织集中
1994—2010年	多种形式的农业经营体	①将"综合设施资金"（1968年）改编为"SUPER L 资金"（1994年）；②《农政改革大纲》（1998年12月）；③《食料·农业·农村基本法》（1999年）；④2007年实施的"非特定产品经营安定政策"；⑤《农地法》（2009修改版）；⑥《食料·农业·农村基本计划》（2010年版）	①通过低息等优惠举措推进农地经营规模，并起到良好的推动作用；②提出了确保农业的法人化和村落营农等多种农业经营主体的方针，即在促进部分农户经营规模化的同时，积极发展以村落为单位的生产组织（村落营农）。明确了"村落营农"和"个别大规模农户"共同作为日本农业生产的基本主体的地位；③农业预算逐渐向农业、农村基础设施建设方面倾斜；④"非特定产品经营安定政策"（2007）把村落营农认定为农业规模经营方式之一，明确其可以享受政府的直接补贴政策；⑤《农地法》（2009）促进土地利用权自由化，农户、农业生产法人、企业都可以租用土地进行农业生产，租用时间的上限由原来的20年延长至50年	①经过长年的土地改良，使得日本的农田形成了集中连片，整齐划一，并建成了比较完备的灌溉体系，提高了农业经营效率，为促进土地流转、加速农业规模经营发挥了重要的基础作用；②一方面，培育和稳定了一批具有竞争力的农业经营主体，具备规模化、效率化经营的村落营农组织；另一方面调动了愿意从事农业的小规模、兼业、高龄农户的生产积极性，丰富了农业生产经营的主体；③在一定程度上提高了农业经营者的国际竞争能力

（续）

历史阶段	培育对象	法律或政策	关键政策解读	引导结果
2011 年至今	中心经营体（以地域为中心的农业经营体的简称）	①《重建日本食物及农林渔业再生基本方针与行动计划》（2011 年）；②2012 年推出了"土地集聚推进事业金"政策	①成立土地银行，加快土地集聚，开展农地与经营者结合计划；②加强政策支持，集中发展多种多样的事业；③通过提高农产品附加值和扩大农业经营规模来降低生产成本，并提升对劳动者的吸引力；④"土地集聚推进事业金"（直接经济补贴）总额达 165 亿日元，除对土地流出和流入的双方进行经济补贴之外，对于 45 岁以下新务农人员直接补 150 万日元/年，支付年限为 2 至 5 年	①通过提高农产品附加值和扩大农业经营规模来降低生产成本，增强日本加入 TPP 的农业竞争力，提升对劳动者的吸引力；②吸引了部分年轻劳动者流向农业产业，一定程度上缓解了农业从事者的老龄化状况；③农户的平均经营规模由 1995 年的 1.5 公顷增加到 2014 年的 2.17 公顷。从总体看，规模经营农户、法人经营和村落营农都呈现了大规模化的趋势，成为日本农业经营的中坚力量

　　日本现代农业产业有其特点，日本的人均土地面积不足，但多丘陵且水资源丰富，其农业产业中优先发展的是水利设施、生物技术和土壤改良，进而发展小型农用机械。其农业产业中富有特色的是休闲农业园区，这类园区大多由政府举办，以假日农场为主体。其将观光旅游、农业生产、农业体验融为一体，实现了农业的多功能性，积极发挥综合农业的示范效应。在日本享有盛名的富田农场、札幌观光农场、宏前苹果园区等现代化的休闲农业园区，每年都能够吸引全球数百万游客。

2.3　中国现代农业产业发展方向

　　"十二五"以来，我国不断深化现代农业体制机制改革，强化强农、惠农、富农扶持政策，加大财政支农力度，现代农业产业发展取得了突出成就。然而，多年粗放型发展导致的农产品供求结构失衡、资源环境压力大、要素配置不合理、贸易逆差扩大等问题仍很突出，一些问题还在加剧。当前，中国现代农业产业的发展，初步形成了区域化布局、专业化生产、产业化经营的现代农业产业格局，产业体系建设正由单纯追求资本、技术要素替代逐步转向要素有机融合的新阶段。

2.3.1 产业发展政策背景

近年来，国家和省、市、区各层面都出台了与现代农业产业直接或间接相关的政策，覆盖的主要有：农业发展规划类、政策补贴类、农村土地类、农机设备类、新型农业经营主体类、现代农业产业园类、农业电商类等方面，见表2-2。

表2-2　　2014—2019年中国政府出台的部分农业相关政策说明

出台时间	政策分类	文件名称	内容/意义
2014年10月	农村土地	《关于引导农村土地经营权有序流转发展农业适度规模经营的意见》	以保障国家粮食安全、促进农业增效和农民增收为目标，坚持农村土地所有制不变，实现三权分置（所有权、承包权、经营权），引导土地经营权有序流转，坚持家庭经营的基础性地位，积极培育新型经营主体，发展多种形式的适度规模经营，巩固和完善农村基本经营制度
2015年1月	农村土地	《关于引导农村产权流转交易市场健康发展的意见》	鼓励土地经营权有序流转，发展多种形式的适度规模经营，提高土地利用率等
2015年1月	农业机械	《2015—2017年农业机械购置补贴实施指导意见》	促进农业机械化发展、推动农机市场总量的持续增长和产业结构的不断升级
2015年2月	农业现代化建设	《关于加大改革创新力度加快农业现代化建设的若干意见》	农业现代化要主动适应经济发展新常态、按照稳粮增收节、提质增效、创新驱动的总要求，继续全面农村改革，全面推进农村法治建设，推动新型工业化、信息化、城镇化和农业现代化同步发展。如何在农业资源短缺、开发过度、污染加重的资源环境软、硬约束下保障农产品有效供给和质量安全、提升农业可持续发展能力

（续）

出台时间	政策分类	文件名称	内容/意义
2015 年 9 月	休闲农业	《关于积极开发农业多种功能大力促进休闲农业发展的通知》	要以积极有效的方式改善休闲农业和乡村旅游重点村基础服务设施，鼓励建设功能完备、特色突出、服务优良的休闲农业专业村和休闲农业园；鼓励通过盘活农村闲置房屋、集体建设用地、"四荒地"、可用林场和水面等资产发展休闲农业和乡村旅游；加强品牌培育。开展全国休闲农业和乡村旅游示范县、示范点的创建
2015 年 8 月	农业电子商务	《关于加快发展农村电子商务的意见》	提出到 2020 年，在全国培育一批具有典型带动作用的农村电子商务示范县。电子商务在降低农村流通成本、提高农产品商品化率和农民收入、推动农村经济社会健康快速发展
2015 年 12 月	农村电子商务	《推进农村电子商务发展行动计划》	鼓励利用互联网等技术大战农村电子商务，提高农村商品流通效率、农民收入和农村经济社会健康发展
2016 年 3 月	综合类	《中国国民经济和社会发展第十三个五年规划纲要（草案）》	提出农业是全年建成小康社会和实现现代化的基础，必须加快转变农业发展方式，着力构建现代农业产业体系、生产体系、经营体系、提高农业质量效益和竞争力，走产出高效、产品安全、资源节约、环境友好的农业现代化道路
2016 年 7 月	综合类	《国家信息化发展战略纲要》	全方位制定现代农业发展目标、重点任务、发展举措、保障制度等
2016 年 7 月	农村土地	《农村土地经营权流转交易市场运行规范（试行）》	鼓励土地经营权有序流转，发展多种形式的适度规模经营，提高土地利用率等
2017 年 2 月	农业供给侧改革	《中共中央　国务院关于深入推进农业供给侧结构性改革加快培养农业农村发展新动能的若干意见》	提出以规模化种养基地为基础，依托农业产业化龙头企业带动，聚集现代生产要素，建设"生产＋加工＋科技"的现代农业产业园，发挥技术集成、产业融合、创业平台、核心辐射等功能作用
2017 年 5 月	农业经营主体	《关于加快构建政策体系培育新型农业经营主体的意见》	提出加快培育新型农业经营主体、加快形成以农业家庭经营为基础、合作与联合为纽带、社会化服务为支撑的立体式复合型现代农业经营体系

（续）

出台时间	政策分类	文件名称	内容/意义
2017年12月	农业机械	《增强制造业核心竞争力三年行动计划（2018—2020年)》	将现代农业机械关键技术产业化作为九大重点领域之一纳入其中
2018年1月	乡村振兴	《中共中央 国务院关于实施乡村振兴战略的意见》	明确了实施乡村振兴战略的总体要求和主要任务。提出乡村振兴战略以产业兴旺为重点，提升农业发展质量，培育乡村发展新动能；以生态宜居为关键，推进乡村绿色发展，打造人与自然和谐共生发展新格局等
2018年5月	农业产业园	《关于开展2018年国家现代农业产业园创建工作的通知》	通过创建，建成一批产业特色鲜明、要素高度聚集、设施装备先进、生产方式绿色、一二三产融合、辐射带动有力的国家现代农业产业园，形成乡村发展新动力、农民增收新机制、乡村产业融合发展新格局，带动各地加强产业园建设，构建各具特色的乡村产业体系，推动乡村产业振兴
2019年2月	农业经营主体	《关于促进小农户和现代农业发展有机衔接的意见》	通过培育新型农业经营主体等方式，提高农业生产组织化、专业化程度
2019年3月	农业产业园	《农业农村部办公厅、财政部办公厅关于开展2019年国家现代农业产业园创建工作的通知》	通过创建现代农业产业园，形成示范作用，辐射带动全国现代农业发展，首次提出创建以种业为主导产业的国家现代农业产业园
2019年9月	农村土地	《农村土地经营权流转管理办法（修订草案征求意见稿)》	鼓励土地经营权有序流转，发展多种形式的适度规模经营，提高土地利用率等

2.3.2　现代农业产业链

本书以传统三大产业的划分理念对现代农业产业链进行划分，形成现代农业领域三大产业。本书的现代农业产业链是指与农业初级产品生产线关联密切的产业群，技术研发、农资生产、农产品生产、农产品加工和农产品流通等行业形成的网络结构。

其中，农产品生产行业构成现代农业第一产业；农资生产与农产品加工行业构成现代农业第二产业；技术研发与农产品流通行业构成的现代农业第三产业（图 2-2）。

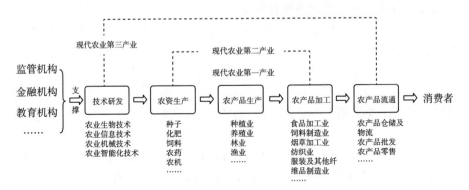

图 2-2　现代农业产业链及现代农业三大产业构成

2.3.2.1　现代农业第一产业稳中调优

我国现代农业第一产业产值结构在过去三十多年发生了巨大变化。种植业产值的比例由 1978 年的 80% 下降到 2016 年的 52.9%，牧业和渔业产值占比在此期间则分别由 15% 和 1.6% 上升到 28.3% 和 10.4%。1978—2016 年，我国的粮食产量从 3.05 亿吨增长到 6.16 亿吨，增长了 102%，其他主要农产品的产量也有了明显增长，我国已经成为世界上最大的农产品生产国之一（图 2-3）。

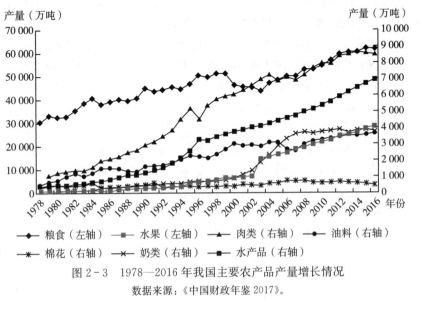

图 2-3　1978—2016 年我国主要农产品产量增长情况

数据来源：《中国财政年鉴 2017》。

2016 年以来，随着经济和行业发展方式进入调整和转变的关键时期，不同农产品的生产发展逐渐出现分化。粮食、果蔬等基础农作物的产量稳步增加，经济类作物产量小幅增长，而畜产品和水产品持续快速发展。

2.3.2.2　现代农业第二产业整合升级

以化肥、农药、种子、饲料等为代表的物质材料生产环节，易受大宗原料价格周期、下游农产品生产周期、农资行业自身投资回报周期等因素影响，具备一定周期特征。相比于发达国家，我国在农资行业的产品普及率和集中度相对较低，行业龙头的成长空间较大。目前，国内一些龙头农资企业，如安徽辉隆农资集团就通过向种植大户提供从种子到餐桌的全程解决方案，开始探索产业升级之路。

现代农业第二产业最为重要的一环就是农产品加工业。国民经济快速发展和城乡居民收入水平的显著提高，使得全社会对加工产品的需求日益增加，对农产品加工业发展产生强力拉动，农产品加工业开始进入发展的黄金时期。2017 年以来，农业部门积极贯彻落实国务院办公厅印发的《关于进一步促进农产品加工业发展的意见》，采取多项措施推进农产品加工业转型升级。截至 2017 年 6 月，农产品加工业产值增长 9% 以上，行业整体已经进入由规模扩张向质量提升转变的新阶段。

2.3.2.3　现代农业第三产业加速发展

现代农业第三产业是提升农业智能化，加速农产品流通的最重要环节。"十三五"以来，我国政府加大了对农业科技发展的支持力度，明确了依靠科技创新引领支持现代农业建设的基本策略，持续推动生物技术、信息技术、机械化技术和智能化技术在现代农业中的应用。

我国农业生物技术整体水平领先于其他发展中国家，在基因工程、作物育种和克隆技术等领域已经进入国际先进行列。根据 2017 年 1 月国家发改委印发的《"十三五"生物产业发展规划》，到 2020 年，生物农业总产值将达到 1 万亿元，将有 2 家以上领军企业进入全球种业前 10 强。

在信息化技术应用方面，我国农业信息产业正处于产业成长期的初期阶段，物联网、云计算、大数据、移动互联等现代信息技术的日渐成熟，使得农业信息化从单项技术应用转向综合技术集成、组装和配套应用。农业信息产业技术特征表现为农田信息快速获取与农情监测技术、智能农机具、农业物联网技术及装备等在经济较发达地区、粮食主产区得到推广及成熟应用。截至 2021 年底，农业航空、农业复合传感器技术与装备已得到广泛应用；到 2030 年，农业物联网智能装备将实现规模化推广应用，产业发展或将进入成熟期。

我国农业智能化技术已经应用到温室植物种植、畜牧养殖、水产养殖、农产品质量安全追溯等诸多领域。由于农业产业化生产还未大范围普及，农业数据采集、传输、存储、共享的手段和方式比较落后，产品和设备还未实现规模量产，支撑电子商务发展的分等分级、包装仓储、冷链物流等基础设施薄弱，影响了农业智能技术产业的发展。但是，智能化农业作为未来农业发展的方向，在我国的发展前景仍然十分广阔。

2.3.3 中国现代农业产业发展面临的挑战

我国现代农业产业发展迅速，但以增产为导向的产业方式与整个国内农产品需求存在脱节，造成农产品供求结构失衡与食品安全隐忧，而农业生产要素的不合理配置，制约了产业效率的提升。随着国内生产资源约束性增强及国内消费需求的强劲增长，我国农业对外贸易逆差扩大，对外依存度不断增强。

2.3.3.1 农产品供求结构失衡，食品安全问题频发

随着经济社会的发展和中等收入人群比例的增大，居民消费的农产品呈现多样化，对加工食品及其他高价值产品的需求增长加快，更具营养和附加价值的高消费层次农产品将进一步替代低消费层次农产品。但我国农产品供给体系对市场需求变化的适应性明显不足，以增产为导向的农业发展方式与整个国内农产品需求存在脱节，致使农产品的结构性短缺与结构性过剩同时并存。此外，农业环境不断恶化，生态系统遭到越来越严重的破坏，农业的整体健康和可持续发展受到严重威胁。全国有 1/6 的耕地不同程度地受到重金属污染，严重的农用化肥污染、农药残留污染问题使得农产品和食品质量下降，食品安全事件进入多发期，涉及领域广泛，关系到现代农业产业的各个环节。

2.3.3.2 要素配置不合理，制约产业效率提升

农村改革 40 余年以来，家庭联产承包责任制的制度红利逐渐释放完毕，各类农业生产要素的激励仍然不够充分。随着城镇化进程加速，农户外出务工比例逐年上升，出现了农户分化、农地资源闲置和细碎化、农资价格持续上涨等新情况，单纯地增加要素投入已经难以推动农业产业的持续增长。农村劳动力资源快速减少、人均耕地面积狭小且分散和资本约束下的投融资困难，也是制约目前现代农业生产效率提升的几大难题。

2.3.3.3 现代农产品对外依赖度增加

自 2001 年我国加入 WTO 以来，在坚持保证重要粮食产品自给自足的基础上，我国逐步开放了部分农产品市场，使得农业产品贸易额大幅增加，农产品进出口总额由 2001 年的 276.8 亿美元增长到 2016 年的 1 832.6 亿美元，年均增长率高达 14.4%。随着居民消费水平的提高和消费结构的改变，我国的肉类和乳制品进口量也有明显增长，2016 年我国进口肉类 468.5 万吨，进口乳品 224.6 万吨，分别较 2002 年增长了 3.3 倍和 2.6 倍（图 2-4）。而随着国内生产资源约束性增强以及国内消费需求的强劲增长，我国的农产品对外依赖程度将进一步加大。

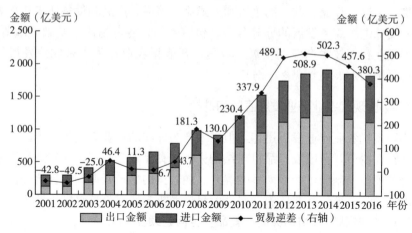

图 2-4　2001—2016 年我国农产品进出口贸易额统计

数据来源：中国海关总署。

2.4　韶关市现代农业产业发展现状

　　2018 年 10 月，习近平总书记视察广东并发表重要讲话，明确指出城乡、区域发展不平衡是广东发展的最突出短板。广东要继续走在全国前列，最艰巨、最繁重的任务在农村，最大潜力和后劲也在农村；要着力破解城乡二元结构问题，坚持以工补农、以城带乡，推动城乡基础设施互联互通、公共服务普惠共享、资源要素平等交换、生产要素充分对接，带动乡村产业、人才、文化、生态和组织振兴。

　　作为广东省最重要农业基地的韶关市，近年来农业产业建设与发展取得了明显的成效。韶关市的优质稻产业以高标准基本农田建设为基础，目前全市已有 31 个水稻主产乡镇建成 120 万亩相对集中连片、旱涝保收、高产稳产的优质稻生产基地，并形成了"白马牌"油粘米和"金友牌"稻米两大省内知名优质米品牌。在特色水果产业方面，浈江、始兴、仁化等浈江流域主要种植优质沙田柚、柑橘、杨梅、枇杷等，已初步形成特色水果产业带；翁源、乐昌、曲江等区域主要种植桃、李、梨等落叶果树，特色明显。茶叶产业也得到了较好的发展，目前全市种植面积 8 万亩 * 左右，规模种植基地（种植面积 50 亩以上）400 多个。在花卉产业方面，翁源县以粤台农业合作试验区为兰花的核心生产基地，目前兰花种植面积超 1.5 万亩，已成为全国最大的国兰生产基地。韶关

---

　　* 亩为非法定计量单位，1 亩≈666.7 平方米。——编者注

市已初步形成了优质稻、特色水果、茶叶、花卉等组成的现代特色农业[24]。

2.4.1 韶关现代农业产业发展规模

在农业龙头企业的培育上,韶关市取得了明显成效。截至 2018 年底,韶关拥有市级以上农业龙头企业 144 家,其中国家级农业龙头企业 1 家、省级重点龙头企业 48 家(图 2-5、表 2-3)。

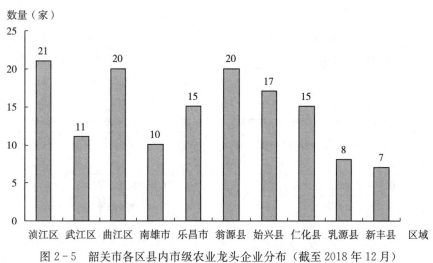

图 2-5 韶关市各区县内市级农业龙头企业分布(截至 2018 年 12 月)

表 2-3 韶关市各区县内市级农业龙头企业清单(截至 2018 年 12 月)

区域	企业名称	区域	企业名称
浈江区(21家)	1. 韶关市浩川成品粮油加工储备有限公司	曲江区(20家)	1. 广东五联木业集团有限公司
	2. 广东艺景生态环境建设有限公司(原韶关市艺景园林绿化工程有限公司)		2. 广东天合牧科实业股份有限公司
	3. 广东广汇农牧有限公司		3. 广东雪花岩茶业有限公司
	4. 韶关市友丰生态园林开发有限公司		4. 韶关市曲江盟德晟农业科技发展有限公司
	5. 韶关市启丰农业发展有限公司		5. 韶关市星河生物科技有限公司
	6. 韶关市天益农业有限公司		6. 广东亚北农副产品有限公司
	7. 韶关群达实业有限公司		7. 韶关市龙凤胎饲料有限公司
	8. 韶关市金大地牧业发展有限公司		8. 韶关市曲江区方园生态农业有限公司
	9. 韶关市乳香元乳业有限公司		9. 韶关市曲江区温氏畜牧有限公司
	10. 韶关市翠松牧业有限公司		10. 广东智成食品股份有限公司
	11. 韶关市永旺猪场有限公司		11. 广东马坝油粘科技开发有限公司
	12. 韶关市浈江区宝威畜牧养殖有限公司		12. 韶关市曲江慧源果场有限公司

（续）

区域	企业名称	区域	企业名称
浈江区（21家）	13. 韶关市冯氏生态庄园有限公司	曲江区（20家）	13. 广东联益马坝米业（曲江）有限公司
	14. 韶关金苹果饲料有限公司		14. 韶关市沃土农业科技有限公司
	15. 韶关市三雄农业科技发展有限公司		15. 广东曲江绿怡果园有限公司
	16. 韶关市钢捷市场服务有限公司		16. 韶关市曲江区田园农业科技发展有限公司
	17. 韶关市粤凰生态科技有限公司		17. 韶关市伟信生态农业发展有限公司
	18. 韶关市溢丰生态农业开发有限公司		18. 广东星安农业科技有限公司（新增）
	19. 韶关市昌明畜牧有限公司（新增）		19. 韶关市曲江罗坑猴采红茶业有限公司（新增）
	20. 韶关市龙凤胎畜牧有限公司（新增）		20. 广东仙塘红茶业有限公司（新增）
	21. 广东兴顺佳食品科技发展有限公司（新增）		—
武江区（11家）	1. 韶关市番灵饲料有限公司	南雄市（10家）	1. 广东金友集团有限公司
	2. 广东雪印集团有限公司		2. 广东金友米业股份有限公司
	3. 广东詹氏蜂业生物科技股份有限公司（原韶关市詹氏养蜂场蜂业有限公司）		3. 南雄市鼎丰农业科技发展有限公司
	4. 韶关市润业畜牧养殖有限公司		4. 南雄市温氏畜牧有限公司
	5. 韶关市华青养殖有限公司		5. 南雄市海龙农牧有限公司
	6. 韶关市韶恒食品有限公司		6. 南雄古寨沟酒业有限公司
	7. 韶关市铧林农业开发有限公司		7. 南雄市利民肉联厂
	8. 韶关市林蒲园农业开发有限公司		8. 广东清景旅游开发有限公司
	9. 韶关市中侨实业有限公司（原韶关市中侨实业总公司）		9. 南雄市粤斌米业有限公司（新增）
	10. 韶关市植保有限公司		10. 南雄市香溢工贸有限公司（新增）
	11. 韶关正邦畜牧发展有限公司（新增）		—
乐昌市（15家）	1. 乐昌市粤俊种猪有限公司	仁化县（15家）	1. 广东富然农科有限公司
	2. 乐昌市乐昌峡绿色米业有限公司		2. 鸿伟木业（仁化）有限公司
	3. 乐昌市沿溪山茶场有限公司		3. 仁化县奥达胶合板有限公司
	4. 乐昌市百臻生态农业科技发展有限公司		4. 仁化县和而友生态农业有限公司
	5. 乐昌市雪毛农业发展有限公司		5. 韶关市金果农业生态园有限公司
	6. 乐昌市粤辉种猪场		6. 韶关霞兴温氏畜牧有限公司
	7. 乐昌市农丰农场		7. 仁化县红山镇富农茶叶专业合作社

（续）

区域	企业名称	区域	企业名称
乐昌市（15家）	8. 乐昌市梅花镇鑫星子姜辣椒厂	仁化县（15家）	8. 仁化县农民头食品有限公司
	9. 乐昌市天然牧业有限责任公司		9. 仁化县中成竹制品厂
	10. 乐昌市益民碾米厂		10. 仁化县鑫宇生态开发有限公司
	11. 广东碧春晖农业有限公司		11. 韶关车八岭农业科技有限公司
	12. 乐昌市三生农业科技有限公司		12. 韶关市五马寨菌业有限公司
	13. 乐昌市银河农业发展有限公司		13. 韶关广庆生态农业科技有限公司（新增）
	14. 广东润粮农业科技有限公司（新增）		14. 仁化县瑞鸿农业发展有限公司（新增）
	15. 广东誉马葡萄酒庄园股份有限公司（新增）		15. 仁化县红丹舒茶业有限公司（新增）
翁源县（20家）	1. 广东慧园粮油有限公司	始兴县（17家）	1. 广东江茂源粮油有限公司
	2. 翁源县凯通纤维板有限公司		2. 始兴县金兴茧丝绸有限责任公司
	3. 翁源县仙鹤花卉种植基地有限公司		3. 始兴县洪源果业有限公司
	4. 翁源县兴民养殖有限公司		4. 始兴县古塘实业开发有限公司
	5. 广东信达茧丝绸股份有限公司		5. 始兴县旺满堂食品有限公司
	6. 广东省翁源县茂源糖业有限公司		6. 始兴县盛丰生态农业科技有限公司
	7. 翁源县宝源市场开发有限公司		7. 始兴县美青农业发展有限公司
	8. 广东青云山药业有限公司		8. 始兴县车八岭茶业有限公司
	9. 翁源县翁江淀粉有限公司		9. 始兴县创发生态农业开发有限公司
	10. 翁源县家宝蚕业有限公司		10. 广东开心农业科技有限公司（原韶关开心农业科技有限公司）
	11. 翁源县盛科农业发展有限公司		11. 始兴县锦伟农牧有限公司
	12. 广州市江丰实业翁源有限公司		12. 韶关均航畜牧有限公司
	13. 翁源县天下泽雨农业科技有限公司		13. 始兴县绿之源生物科技有限公司
	14. 翁源县恒之源农林科技有限公司		14. 广东中汇农业科技集团有限公司
	15. 翁源县坝仔胜龙名茶生产基地		15. 始兴县湘南民营绿色生态园
	16. 翁源县南药谷茂丰种植基地有限公司		16. 始兴县亚历亨茶叶有限公司（新增）
	17. 翁源县（香港）金利达发展有限公司		17. 始兴县原野农场（新增）
	18. 翁源县仙雅农业发展有限公司		—
	19. 翁源县七仙子生态茶场		—
	20. 广东全美花卉科技有限公司（新增）		—

（续）

区域	企业名称	区域	企业名称
新丰县（7家）	1. 新丰县城丰蔬菜贸易有限公司	乳源瑶族自治县（8家）	1. 广东冠华食品有限公司
	2. 新丰板岭原种猪场		2. 乳源瑶族自治县新新生态农业股份有限公司
	3. 新丰县喜事顺绿色生态农业开发有限公司		3. 广东宝华农业科技股份有限公司
	4. 新丰县大丰观光休闲农场		4. 乳源瑶族自治县嘉农农业开发有限公司
	5. 广东瑞德农业科技有限公司		5. 乳源瑶族自治县源冶农牧有限公司
	6. 新丰县新大康弘现代农业开发有限公司		6. 乳源瑶族自治县金穗丰农业开发有限公司（新增）
	7. 新丰县万鸿农产品开发有限公司（新增）		7. 乳源瑶族自治县兴霖农业有限公司（新增）
	—		8. 乳源瑶族自治县瑶山王茶业有限公司（新增）

2018 年底韶关市登记注册的家庭农场有 1 889 家、农业合作社有 3 374 家。全市有效期内的"三品"认证产品 257 个、国家地理标志保护产品 13 个、国家农产品地理标志 1 个、省级农业名牌产品 111 个，新增名牌产品（农业类）数量连续两年位居广东省第一。

韶关市已引进阿里村淘、苏宁、乐村淘等项目，建成 7 个县级电商创业园、76 个镇级电商服务中心、300 多个村级电商服务点，并建成韶关市互联网农业小镇，完成乐昌九峰、南雄珠玑、仁化黄坑等 10 个试点镇建设。在休闲农业示范点及示范乡镇县创建工作上，累计成功创建全国休闲农业与乡村旅游示范县 2 个、全国美丽休闲乡村 4 个、省休闲农业与乡村旅游示范镇 13 个、示范点 28 个。全市休闲农业经营主体共有 1 072 家，其中农家乐有 885 家、休闲观光农园有 187 家，带动农户数共 32 850 户，年接待游客约 675 万人次、年营业收入达 132 435 万元。

2.4.2 韶关现代农业产业园发展现状

根据韶关市农业农村局的检查统计结果，韶关市总投入资金使用进度均超过广东省平均水平，见表 2-4。

表2-4　韶关市农业产业园计划投资总金额及资金来源

规划项目（个）	计划投资总金额（万元）		
	156 791.35		
103	省级财政（万元）	地方统筹（万元）	其他社会资本投资（万元）
	27 500	36 258	93 033.35

截至2019年第一季度，韶关市获批的省级现代农业产业园共有6个，分别是翁源县兰花产业园、新丰县茶叶产业园、乐昌市香芋产业园、乳源瑶族自治县蔬菜产业园、南雄市丝苗米产业园和曲江区食用菌产业园。

2019年第一季度，2018年获批的5个省级现代农业产业园都已开工建设，已经投入资金47 971.57万元，省级财政4 787.2万元，地方统筹16 223.67万元，其他社会资本投入26 960.7万元。广东省总投入资金使用进度为24.9%，韶关市总投入资金使用进度为41.05%，高于广东省平均进度。其中翁源县、南雄市资金使用进度较快，超过全省资金使用率水平（表2-5）。

表2-5　韶关市5个农业产业园开工率及建设进度

已开工建设项目（个）		86		
项目开工率		91.49%		
广东省开工率		84.18%		
产业园名称	翁源县兰花产业园	乳源瑶族自治县蔬菜产业园	新丰县茶叶产业园	乐昌市香芋产业园	南雄市丝苗米产业园
已开工项目（个）	9	25	31	8	13
开工率	100%	100%	93.94%	88.89%	72.22%
资金投入（万元）	47 971.57				
资金来源	省级财政（万元）	地方统筹（万元）	其他社会资本投资（万元）		
	4 787.2	16 223.67	26 960.7		
广东省总投入资金使用进度	24.9%				
韶关市总投入资金使用进度	41.05%				

2019年6月13日，在农业农村部官网公示的2019年国家现代农业产业园创建名单中，广东有6个入围，韶关市的广东省翁源县现代农业产业园入选了"2019年纳入国家现代农业产业园创建管理体系的省级现代农业产业园名

单"。纳入创建管理体系的农业产业园在通过评价认定后，将被授予国家现代农业产业园称号。

2.4.3 翁源县现代农业产业园介绍

翁源县现代农业产业园又称翁源兰花产业园，建设核心是兰花产业，目前已经建成中国最大的国兰基地。产业园以江尾镇、坝仔镇为核心，项目规划面积为 1 385 平方千米。规划定位是"世界兰花展示中心、中国兰花产业总部基地"，致力打造集兰花种养、观赏、交易、观光于一体的"三产融合"兰花产业园，为兰花产业融入翁源全域旅游发展、助推乡村振兴及宣传翁源形象提供新的平台载体。

翁源县兰花产业园早在 2018 年 7 月入选广东第一批省级现代农业产业园之后，就开始推进各项建设。截至 2019 年 2 月底，翁源县兰花产业园已投入建设资金 1.61 亿元，项目开工率达 100%，项目资金投入占比 53.7%，省级财政资金使用率 32.87%，三大评价指标均走在广东全省前列。

为支持兰花产业园的发展，翁源县成立了省级现代农业产业园建设工作领导小组，建立县主要领导推动产业园加快建设协调机制，解决园区建设进程中的重点难点问题。

在政策支持方面，加大基础设施投入和企业招商力度，对入园企业实行"土地流转补贴""农业科技创新补贴"等优惠政策。2018 年以来，兰花产业园成功引进了翁源县海晟花卉科技公司等 6 个农业项目，兰花产业种植面积增加了 1 500 多亩，新搭建温控大棚 20 多万平方米。

在农村金融信贷支持方面，协调农业银行翁源县支行针对性地推出"兰花快农贷""兰花宝"等信贷产品，帮助解决兰花经营者资金不足问题。截至2018 年底，该行投放兰花产业的信贷资金达 2.13 亿元，116 个企业获得支持。

在科技支持方面，2018 年 12 月揭牌的"广东（翁源）兰花研究院"是翁源县兰花产业园与广东省农科院合作成立的专业化的农业科研机构。该研究院成立以来，在开展科研攻关和集成技术推广、科技成果转化、人才培养、项目申报和科技培训等方面发挥了积极的作用，为产业园的发展提供了强大的后劲。广东（翁源）兰花研究院主要的工作内容有：培育新的兰花品种，对兰花进行病虫害防治研究、培训兰花从业人员等。

在创新经营方式上，以市场为导向，以效益为中心，依靠龙头企业的带动和科技进步作用，对兰花经济实行区域化布局、专业化生产、一体化经营、社会化服务和企业化管理，形成产加销一条龙的经营方式和产业组织形式。在兰花的销售上，转变了之前以批发为主的方式，形成了现在的批发、展示销售加电商销售相结合的多渠道发展模式，取得了很好的发展。目前产业园已培育

105 家电商团队，创建了超过 500 家的网上销售兰圃，翁源的国兰供应量在全国的国兰销售市场份额上已经占到了 50％以上。

在产业园的未来发展规划上，围绕"如何保持兰花产业的既有优势，进一步做大做强兰花产业"，管委会提出三大提升行动，促进兰花产业链发展。第一是规划了翁源县兰花产业发展三年提升行动，即到 2021 年，翁源兰花的种植面积达到 2.5 万亩，产值达到 25 亿元以上，进一步夯实翁源作为中国兰花第一县的产业基础；第二是实施兰花产业园第一、第二、第三产业融合发展的提升行动，总目标是以兰花特色小镇建设为抓手，完善产业园内的农旅融合的各种功能设施，把兰花产业园建设成为第一、第二、第三产业高度融合的现代农业游览观光园；第三是实施翁源县兰花产业"12221"市场体系建设提升行动，重点把兰花交易市场建设成为全国有影响力的花卉交易市场，完善整个兰花产业链，实现成功创建国家级现代农业产业园的目标。

2020 年 3 月，翁源县兰花产业园（兰花特色小镇）5G 大数据平台服务及项目正式落户及启动，标志着翁源县兰花产业园正式进入建设智慧农业项目阶段。通过农业物联网、传感、追溯、新计算应用等现代农业的信息化技术手段，建设兰花产业特色的综合服务体系。同时，运用 5G 大数据和一体化智慧兰花大棚综合服务平台，掌握兰花大棚种植动态，实现兰花种植产业信息化、自动化、智能化管理，成为现代化农业智慧产业。

2.4.4　产业面临问题

回顾韶关市农业的发展历史，从"包产到户"解决温饱，到家庭联产责任制调动农民的积极性，再到乡村振兴战略的全面实施引领农民建设文明、富裕、宜居、美丽乡村，韶关市的农业改革逐步向纵深推进，韶关市的农业发展也取得了长足的进步，现代农业的发展稳步向前。特别是近 10 年来，韶关市的现代农业的发展，以"乡村振兴战略"的实施、"9＋2"泛珠三角经济圈建设、"粤港澳大湾区"建设等一系列历史机遇为契机，狠抓落实、主动融入、积极参与，韶关市的现代农业发展可以说是跨步前进。但是由于历史和客观的原因，作为省内的农业大市，韶关市的现代农业产业发展还存在着不少问题，与其经济社会发展的总体水平还不相适应，与城乡一体化发展的要求还有较大差距，与广大农民的热切期盼还有较大落差。这些亟待解决的问题不容忽视。当前，制约高效特色农业进一步发展的主要因素集中在以下两个方面。

政策方面。政策方面主要是农村土地制度、农产品价格政策、农业生产资料价格因素等，导致生产、经营的组织化、规模化程度不高。家庭联产承包的小规模经营形式，给土地流转造成困难，难以形成规模效益。土地制度还影响农民之间的合作发展。区域内农户不能形成生产或技术合作，就难以形成规模产业，很难为产业链上的龙头企业提供商品原料保障，使得产品也失去竞争力。在价格政策上，我国粮棉油价格长期稳定且处于低水平状态，而另外一方面化肥农药价格上涨，农业成本增加，大宗农产品效益难以提高。

生产力水平方面。资金投入少，生产技术落后，导致产量水平较低，产品停留在初级产品阶段，农业产值提高不快。一是农田基本建设总体欠缺，农田水利、交通和保护地设施条件较差，农业机械化作业程度和生产效率有待提高。二是农业新技术应用程度低。在部分落后地区，一些效果显著的简单技术没有得到全面应用，自主创新高效益品种和技术的研发比较缓慢。三是科研人才匮乏，留守农村的劳动力素质总体偏低，制约着生产方式和观念的更新。同时，原有的农技服务队伍存在着人员知识、年龄结构的老化，服务跟不上新形势需要。四是农产品商品价值低、附加值不高。表现为农产品难以进行质量等级细分、商品性外观差、缺乏必要包装、缺少商标品牌、没有生产者身份等。

概括来说，问题主要集中在三个方面：农业发展定位不够明确；农业产业化经营水平有待提高；农业科技支撑力度不足。

农业发展定位不够明确。韶关市具有发展现代农业特别是现代高效特色农业的优越自然条件，但对现代农业发展的"特色"定位不够明确。一些能够发挥区域优势、对环境和生态友好且附加值高的特色农业产业，由于前期投资大、需要经营主体发挥带动作用、依赖科技创新实力支撑等原因，难以一蹴而就。例如生态养殖产业、特色农产品精深加工产业、休闲农业产业等。由于韶关市农业经济总产值对全市的经济总量贡献较少，投入产出周期长，在现行绩效考核体系下，无法激发部分地区政府发展当地现代农业的积极性，政府对现代农业的重视和扶持力度有待提高。

农业产业化经营水平有待提高。韶关市农业产业化的规模近年来不断扩大，但是大部分生产经营主体由于资金缺乏、基础设施不健全、科学技术条件薄弱等客观原因，"农业合作组织＋基地＋公司＋农户"的生产经营机制无法有效运行；农业龙头企业的带动作用尚未充分发挥，缺少具备强大科研实力和经济实力的大型农业龙头企业对于小农户的组织；农业产业化经营的意识薄弱，大部分的生产均显现出传统的自产自销、各自为战的特点，这在一定程度上阻碍了韶关市现代农业产业的发展。

农业科技支撑力度不足。韶关市现代农业产业的科技含量有待提高。目前，韶关市农业普遍存在科技力量薄弱、科技投入资金不足、高技术的农技人员稀少等问题。从事农业生产的人群学历文化偏低，综合素质较好的青壮劳力多数外出打工，从事种植业生产的劳动力多数是传统型的老人和妇女，接受和掌握农业新品种、新方法、新技术的步伐慢，科技和科技人才的缺乏严重阻碍了韶关市现代农业特色农业的发展。

2.5 研究对象

现代农业产业的发展是建立在现代工业和现代科技的进步发展的基础之上的。特别是在农业机械化普及之后，农业的信息化、精准化和智能化是现代农业产业越来越凸显的特性。由于人均耕地面积的稀缺、淡水资源的短缺、气候变化和自然灾害的频发，以及现代农业生产全过程中对化肥、农药等农资产品的低消耗、低残留、高产出的趋势化要求，社会分工的加深和进一步细化，现代农业产业链的发展的趋势还具有向上下游产业延伸、加长的特点。相比较于传统农业，增加的主要环节涵盖了农村金融、农资供应、农产品溯源体系、农产品精深加工、农产品冷链运输、农产品品牌培养、农产品电商销售等上下游经营生产环节。

2.5.1 从政策指引和产业发展现状选取研究对象

广东省在深入研究国家相关政策和省内实际情况之后，出台了《广东省现代农业产业园建设指引（试行）》，提出了二十一条政策措施，对于省内的各级政府和工业园规划、建设和发展现代农业产业，有着非常重要的指导意义。首先是经营主体的选择和规定，其次是岭南特色产业的筛选，最后是对于工业园建设过程中重要考核指标的明确和限定。

2.5.2 从产业关键技术角度选取研究对象

在现代农业产业的生产经营中，农民参与程度最高的种植、养殖环节涉及的关键技术，根据应用场景的不同可以分为四类：设施种植、大田种植、水产养殖和畜禽养殖。

所涉及的关键技术可划分为以下几个方面。

可变速率技术：可变速率技术（variable rate technology，VRT）是一种能够帮助生产者改变作物投入速率的技术。它将变速控制系统与应用设备相结合，在精准的时间、地点投放输入，因地制宜，确保每块农田获得最适宜的投放量。

智能灌溉技术：通过部署可持续高效灌溉系统以保护水资源的这种方式愈来愈受到重视。基于物联网的智能灌溉对空气湿度、土壤湿度、温度、光照度等参数进行测量，由此精确计算出灌溉用水需求量，可有效提高灌溉效率。

农业无人机：无人机有着广阔的农业应用空间，可用于植保、监测作物健康、农业拍照（以促进作物健康生长为目的）、可变速率应用、牲畜管理等。

无人机可以低成本监视大面积区域，搭载传感器可轻易采集大量数据。

智能温室（智能大棚）：智能温室可持续监测气温、空气湿度、光照、土壤湿度等气候状况，将作物种植过程中的人工干预降到最低。气候状况的改变会触发温室自动反应。在对气候变化进行分析评估后，温室会自动执行纠错功能，使气候状况维持在最适宜作物生长的水平。

农业管理系统：借助图像采集、图像识别、传感器及跟踪装置为农场主及其他管理方或利益相关方提供数据收集与管理服务。收集到的数据经过存储与分析，为复杂决策提供支撑。此外，农业管理系统还可用于辨识农业数据，分析最佳实践与软件交付模型。它的优点还包括：提供可靠的金融数据和生产数据管理、提升与天气或突发事件相关的风险缓释能力。

土壤监测系统：土壤监测系统协助农场主跟踪并改善土壤质量，防止土壤恶化。系统可对一系列物理、化学、生物指标（如土质、持水力、吸收率等）进行监测，降低土壤侵蚀、密化、盐化、酸化，以及受危害土壤质量的有毒物质污染等风险。

精准牲畜饲养：精准牲畜饲养可对牲畜的繁殖、健康、精神等状况进行实时监测，确保收益最大化。农场主可利用先进科技实施持续监测，并根据监测结果作出利于提高牲畜健康状况的决策。

第3章　专利分析策略

3.1　专利分析工具及资源选择

检索数据库选择：本项目的专利数据来源于 INNOGRAPHY 国际高端专利检索分析系统（简称 INNOGRAPHY）。该系统具有丰富的数据模块，可以查询和获取全球 100 多个国家的同族专利、法律状态及专利原文。除此之外系统还包含来自美国联邦法院电子备案系统（PACER）的全部专利诉讼数据，以及来自邓白氏及美国证券交易委员会的专利权人财务数据、美国商标注册信息、非专利文献。

INNOGRAPHY 包含了专利申请趋势分析、竞争对手分析、专利权受让分析、发明人统计、批量专利数据导入导出、专利全文下载等多种功能，可以制作包含柱状图、饼状图、树状图、气泡图、专利地图及雷达图等在内的多种详实的专利检索与分析报告。

专利强度（patent strength）是 INNOGRAPHY 独创的专利评价新指标，是来自于加州大学伯克利分校及乔治梅森大学的最新研究成果，其作用是帮助用户快速有效地寻找核心专利。专利强度参考了十余个专利价值的相关指标，包括：专利权利要求数量（patent claim）、引用先前技术文献数量（prior art citations made）、专利被引用次数（citations received）、专利及专利申请案的家族（families of applications and patents）、专利申请时程（prosecution length）、专利年龄（patent age）、专利诉讼（patent litigation）、其他（other）。专利强度可以帮助从海量的专利数据中快速筛选出核心专利，集中注意力到高价值的文献领域，代表专利文献利用的前沿。

壹专利，是由奥凯开发的具有独立自主知识产权的检索分析数据库（软件），定位为"简单、高效、精准"的普适性专业检索分析工具。它结合奥凯近 20 年的专利检索分析经验，融合国内外技术特点和优点，补充国内当前普适性检索分析工具的严重缺失，定位于服务科研、园区、企业等科技人员，尤其是大型科研团队及创新型企业，以及为该类机构提供服务的人员和专业机构。壹专利旨在为没有专利检索相关工作经验的用户提供更加容易上手、操作简便、结果分析直观高效的专利检索、阅读和分析的服务。

壹专利囊括了全球 104 个国家的一亿多条专利数据，以周为单位进行专利数据的更新，检索响应时间可达到毫秒级别，搜索引擎稳定，检索结果精准。其检索功能操作简单，提供助手式的检索式编写功能，并支持对检索结果进行二次检索和筛选；多种形式进行检索结果的展现，针对专利详情展示，提供高亮标识、双屏对比等人性化功能；从多个维度进行专利数据的统计分析，并提供各类图形化的统计结果展现；提供专利对比、专利收藏、检索历史管理、预警管理、下载管理、专利共享等辅助工具。专利漫步板块提供中国专利地图展示、地区专利分布、国民经济专利情况、高校榜单、企业榜单等信息，对地区专利的情况进行直观的可视化展示。

3.2 专利检索策略制定

3.2.1 技术分解表

随着近几十年科技的进步，特别是通信技术、互联网技术、大数据和人工智能等的迅猛发展，农业的现代化也被赋予越来越多的新内涵。从生产力发展、技术效率提升的视角看，自 20 世纪 50—60 年代开始，从推进农业技术上的四化（机械化、水利化、电气化、化肥化）发展，到当前将农业无人机、生物技术、互联网、物联网和通信技术等新兴技术在农业生产和经营中的应用为热点。与传统的农业生产技术相比，我国的农业现代化在农业生产全过程中的各个环节，在农村的一二三产业融合中，应用越来越普遍，也为实现"高产、优质、低耗、高效""环境友好"和"可持续"的现代农业发展目标发挥着越来越重要的作用。

根据韶关市现代农业产业发展的现实情况和现代农业产业链上的重要环节及技术关键点研判分析，本书选取了"精准农业"和"农产品防伪及产地追溯系统"作为专利检索分析的两个方向，希望通过对已经公开的国内外相关专利的研究分析，明确相关技术研发的前沿资讯、技术发展的趋势及领先的创新主体是如何应用、实施技术和进行布局专利的；利用专利有效性分析，寻找部分失效专利所公开的、可以借鉴和利用的技术点，为后期相关技术的升级和改进寻找较高的起点，避免重复的研发投入，节省人力财力。对韶关市未来现代农业产业发展的实际生产应用或科技研发立项，以及专利布局提供参考和决策依据。现代农业技术技术分解表见表 3-1。

3.2.2 检索时间及范围

本书的专利文献时效性说明，除做单独说明的章节外，检索截止时间为2019 年 12 月 31 日。

表 3-1 现代农业技术技术分解表

一级技术分支	二级技术分支	三级技术分支	关键技术组成	应用方向
现代农业	精准农业	农业实时监控技术	土壤条件实时数据监控（土壤墒情监测）	设施种植、大田种植、畜禽养殖、水产养殖
			空气指标实时数据监控	
			气候环境监测与预警	
			农作物长势监测	
			光照情况实时数据监控	
		可变速率技术	土壤肥力改善技术	大田种植、设施种植
			智能灌溉技术	
			施药种类、用量智能调整技术	
			农药复配技术	
			农作物病虫草害识别	
		农用图像识别技术	农田、林地测绘	大田种植、设施种植
			收成监测/收成预估	
			（应用）病虫害防治技术	
		农业无人机（植保无人机）应用技术	（应用）农田、林地测绘	大田种植
			（应用）农作物长势监测	
			射频识别技术	
	农产品质量安全、防伪及产地溯源	溯源码标签及识别技术	组合编码标签及识别技术	安全防伪
			近场通信技术（非接触型数据识别及传输）	
			地理标志农产品产地鉴别技术	

3.2.3 检索要素

3.2.3.1 精准农业

精准农业又称"精确农业"（precision agriculture），是指利用全球定位系统（GPS）、地理信息系统（GIS）、连续数据采集传感器（CDS）、遥感技术（RS）、变率处理设备（VRT）和决策支持系统（DSS）等现代高新技术，获取农田小区作物产量和影响作物生长的环境因素（如土壤结构、地形、植物营养、含水量、病虫草害等）实际存在的空间及时间差异性信息，分析小区产量差异的原因，并采取技术上可行、经济上有效的调控措施，按需实施定位调控的"处方农业"[1]。精准农业技术在农业生产的应用上十分广泛。例如，通过实时的监控和数据采集、传输，及时根据土壤的需要精确地改善肥力状况，根据病虫害情况调整农药的种类和喷洒量，根据土壤的情况自动调节拖拉机的耕种深度等。在产量预测、预报方面，精准农业能对投入和产出，按不同地块、不同时间进行详细记录，对预测产量和耕种决策有着极其重要的意义。

广义的精准农业还包括现代农业产业中的精准养殖技术，精准养殖涉及的方向主要有禽类养殖、牲畜饲养和水产养殖等，可对养殖对象的成长、发育、繁殖、精神等状况进行实时监测，按照需求进行饲喂、繁育、疾病防控等工作，及时对生产隐患进行人工干预，排除疫病大规模蔓延的风险，避免经济损失，确保养殖收益最大化。通常是通过先进科技手段对牲畜实施实时持续监测，并根据监测结果作出利于提高牲畜健康状况的决策。

精准农业最早起源于美国，其生产过程包含三个实施阶段，即确定对象管理时间、指定对策和实施对策。其由 9 个系统组成，包括全球卫星定位系统、农田遥感遥测系统、智能化农具系统、农田地理信息系统、智能化专家系统、环境监测系统、系统集成、网络化管理系统和培育系统。精准农业是现代化信息技术和农业生产全面结合的一种新型农业，是信息化高技术农业，是 21 世纪农业发展的方向。

3.2.3.2 农产品质量安全、防伪及产地溯源系统

农产品质量安全、防伪及产地溯源系统综合运用了多种网络技术、条码（二维码）识别等前沿技术，实现了对农业生产、流通过程的信息管理，农产品质量的追溯管理，农产品生产档案（产地环境、生产流程、质量检测）管理，条形码或二维码标签设计和打印，射频识别技术（RFID）的使用，以及基于网站和手机短信平台的质量安全溯源等功能，基于单机或网络环境运行，适于农产品质量监管部门和农业生产企业应用。

信息的溯源贯穿农产品生产、加工、运输到销售的全部环节，目前在农资供应环节也大规模应用了信息溯源系统，从源头上保证农产品的安全管理和供应。在农产品安全生产管理环节：以农业生产者的生产档案信息为基础，实现对基础信息、生产过程信息等的实时记录、生产操作预警、生产档案查询和上传功能。在农产品流通管理环节：以市场准入控制为设计基础实行入市申报，对批发市场经营者进行管理，记录其经营产品的交易情况，实现批发市场的全程安全管理。在农产品质量监督管理环节：实现相关法律法规、政策措施的宣传与监督功能；同时完成企业、农产品信息库的组建、管理和查询及分配管理

防伪条码等功能。

农产品质量追溯技术综合利用了网络技术、短线技术、条码识别技术等，实现网站、POS机、短信和电话号码于一体的多终端农产品质量追溯；可将农业生产过程中的生产信息，包括产地环境、生产流程、病虫害防治、质量检测等信息进行记录；可将携带农产品信息的RFID标签的信息转换成含有农产品信息的一维或二维条码标签，保证信息链的流通。

3.2.4 检索策略

专利检索过程中，根据韶关市的自然禀赋和岭南农业产业特点及当地高校、研究院所和企业等创新主体的现代农业技术研发力量，本书对于专利的检索要素的选择侧重于技术的实际应用层面。

以植保无人机为例：植保无人机又名农业无人机，是用于农林植物保护作业的无人驾驶飞机。从结构外观上，其分为固定翼无人机、直升机无人机、多轴飞行器无人机三种；从动力上又分为燃油动力型无人机和电动动力型无人机。该类型无人飞机由飞行控制系统（动力、导航、通信等）、地面控制系统（遥控装置、监控系统、数据系统等）、任务载荷系统（传感器、摄像器材等）三部分组成。其中任务载荷系统根据用户需求的自定义可以延伸不同的应用。这部分内容复杂，涉及无人机结构、零部件及无人机操控系统的研发，属于工业制造范畴，本书仅做简单介绍。

植保无人机通过地面遥控或导航飞控并搭载其他功能模块，可以执行药、肥的喷洒作业，监测农作物生长情况（病虫草害、成熟度、生长期），测绘农田地形图等飞行任务。其目前在现代农业产业的主要应用或有较好应用前景，是无人机板块在本书中的分析重点。在具体的检索过程中，使用关键词组合、使用范围限定、国际分类号限定、关键词去噪，以及公开日时间限定的检索式编写逻辑，并对检索结果进行人工筛选和去噪。

本书主要采取分总式检索策略，从现代农业产业的细分领域五个技术方向进行专利检索。

现代农业产业专利的总体检索，主要基于现代产业对应的分类号进行检索，同时对检索结果进行人工筛选和对讨论定出的关键词进行去噪。

现代农业产业关键技术分类的专利检索，基于各关键技术的技术主题特点，构建由分类号与关键词组成的检索式。

3.3 事项约定和术语解释

为保障理解的一致性，对本报告中出现的专业术语给出解释，见表3-2。

表 3-2 术语解释一览表

术语	解释内容
"项"	同一项发明可能在多个国家或地区提出专利申请,德温特数据库将这些相关的多件申请作为一条记录收录。在进行专利申请数量统计时,对于数据库中以同族的形式出现的一系列专利文献计算为 1 项。一般情况下,专利申请的项数对应于技术方案的数量。以"项"为单位在统计全球范围的专利申请可更准确地反应实际技术方案的申请情况
"件"	在进行专利申请数量统计时,例如为了分析申请人在不同国家、地区或组织所提出的专利申请的分布情况,将同族专利申请分开进行统计,所得到的结果对应于申请的件数。1 项专利申请可能对应于 1 件或多件专利申请
同族专利	同一项发明创造在多个国家申请专利而产生的一组内容相同或基本相同的专利文献出版物,称为一个专利族或同族专利。从技术角度来看,属于同一专利族的多件专利申请可视为同一项技术
同族数量	一件专利同时在多个国家或地区的专利局申请专利的数量
法律状态——"有效"	在本报告中,"有效"专利是指到检索截止日为止,专利权处于有效状态的专利申请
法律状态——"失效"	在本报告中,法律状态——"失效"专利是指到检索截止日为止,已经丧失专利权的专利或者自始至终未获得授权的专利申请,包括专利申请被视为撤回或撤回、专利申请被驳回、专利权被无效、放弃专利权、专利权因费用终止、专利权届满等
法律状态——"审查中"	本报告中,"审查中"专利是指该专利申请可能还未进入实质审查程序或者处于实质审查程序中,也有可能处于复审等其他法律状态
全球专利/申请	申请人在全球范围内的各专利局的专利申请
中国专利/申请	申请人在中国国家知识产权局专利局的专利申请

　　在本书所采集的数据中,由于下列多种原因导致自 2018 年及之后的专利申请的数据量统计不完全,如:发明专利通常自申请日(有优先权的,自优先权日)起 18 个月(要求提前公布的申请除外)才能被公布;PCT 申请通常自优先权日起 30 个月甚至更长时间之后才进入国家层面阶段,从而导致与之相对的国家公布时间更晚等。

第4章 韶关市农业专利
数据统计结果

本章对韶关市的农业领域专利总体情况进行检索和分析，旨在将韶关市历年来申请的农业领域专利进行统计和梳理，首先对农业相关专利数据的总体情况进行宏观介绍，再对重点的数据指标进行细化分析，从申请趋势、法律状态、专利类型结构、重要申请人等几个维度对韶关的农业相关专利情况进行评议。韶关市农业相关专利的检索时间范围为：公开日在（含）2020年4月30日之前的中国专利信息。申请人涵盖韶关市的3个市辖区、4个县、2个县级市、1个自治县范围内的个人、企业、大专院校、机关团体和科研单位。

4.1 数据统计总体情况介绍

韶关市的专利数据中涉及与农业技术相关的中国专利申请共计1 994件，具体专利情况见表4－1。

表4－1 韶关市农业相关技术中国专利数量统计

类别	申请量（件）	授权量（件）	授权比例（％）	有效量（件）	有效比例（％）
数量	1 994	1 421	71.3	707	35.4

目前韶关市关于农业类技术的专利申请量为1 994件，获得授权的专利有1 421件，授权比例达到71.3％；已获得授权且维持有效的专利有707件，有效专利占比35.4％。经进一步检索得知，专利授权比例高达七成以上的一个重要原因是实用新型占比高。发明专利的申请量占比较低，为573件，占比约为29％（图4－1）。

4.2 申请趋势分析

将韶关的农业相关中国专利按照申请年统计，分析近20年的申请趋势情况。

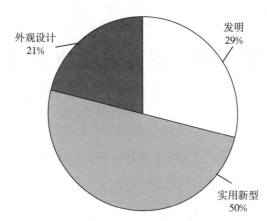

图 4-1　专利类型结构占比示意

具体分析情况如下，韶关的农业相关专利技术在中国的专利申请从2008年之后增长快速。2001—2008年，专利年度申请量较少并且增长缓慢，处于起步阶段；2009年之后专利申请量增长明显，2010年专利申请量超过40件，其中发明专利年度申请量为13件。到了2012年，实用新型专利申请量首次超过外观设计专利申请量，为56件。2014年发明专利的申请量超过外观设计专利申请量，为80件。2016年农业相关专利的总申请量虽然有一个明显的回落，但发明专利的申请量分别超过外观设计专利和实用新型专利，为72件。到2018年，专利的总申请量首次超过400件，实用新型专利申请274件，发明专利申请70件，外观设计专利申请62件。

部分专利数据因为公布日的滞后性等原因，信息具有不完整性，暂不具备参考价值。

4.3　法律状态分析

对1994件专利申请进行法律状态分析，其中有效专利为707件，失效或无效专利为1054件，审查中专利为233件。已授权专利中，有28件专利发生了转让，9件发生了质押。最新的详细法律状态见表4-2。

表4-2　韶关市农业领域中国专利法律状态统计

单位：件

授权	欠费	中止	审查	撤回	到期	驳回	申请	转让	放弃	质押	变更
665	435	249	196	185	103	67	35	28	15	9	7

其中发生专利权转让的农业相关专利清单见表4-3。

表4-3 韶关市农业领域专利权转让的部分专利清单

专利标题	公开号	申请人	申请号	申请日	专利类型
一种农业畜牧养殖饲料搅拌装置	CN208711500U	邓爱婷	CN201821037151.4	2018.07.03	实用新型
一种自带水族箱的移动臭氧机	CN208292661U	韩志芬	CN201820770480.3	2018.05.23	实用新型
一种植保无人机用药箱	CN207948699U	邓爱军	CN201820283486.8	2018.02.28	实用新型
一种普洱茶快速发酵方法	CN106306151A	南雄市中大赛尔生物技术有限公司	CN201610662728.X	2016.08.12	发明
全地形远程遥控喷药机	CN205455574U	徐祥兴	CN201620242345.2	2016.03.28	实用新型
太阳能全自动环保别墅式智能禽舍	CN205357666U	韶关市颐林泉生物科技有限公司	CN201521073409.2	2015.12.22	实用新型
移动式节能家禽屠宰废水处理器	CN205337397U	韶关市颐林泉生物科技有限公司	CN201521073405.4	2015.12.22	实用新型
一种漏食球	CN105613330A	余育旺	CN201410592087.6	2014.10.28	发明
一种酵素发酵器	CN205124965U	韶关市颐林泉生物科技有限公司	CN201520855233.X	2015.10.29	实用新型
便携移动式多媒体展示植物绿墙	CN205124486U	韶关市颐林泉生物科技有限公司	CN201520855342.1	2015.10.29	实用新型
一种茶油精炼加热器	CN204752661U	广东中汇农业科技集团有限公司	CN201520435613.8	2015.06.23	实用新型
一种茶油冷冻脱脂装置	CN204752660U	广东中汇农业科技集团有限公司	CN201520435514.X	2015.06.23	实用新型
一种高效太阳能杀虫器	CN204616848U	广东粤佳太阳能有限公司	CN201520306166.6	2015.05.13	实用新型
一种利用茴香修复富营养化水体中镉污染的方法	CN104556393A	肖艳辉；何金明	CN201510038871.7	2015.01.27	发明
一种有机硅湿润剂专用抑泡消泡剂的制备方法	CN103920312A	南雄鼎成化工有限公司	CN201410171393.2	2014.04.24	发明

（续）

专利标题	公开号	申请人	申请号	申请日	专利类型
一种耐高压透水性多孔材料及其制备方法	CN103910821A	中科院广州化学有限公司南雄材料生产基地；中科院广州化学有限公司	CN201410097524.7	2014.03.14	发明
一种拖拉机车斗固定装置	CN103625566A	莫大清	CN201310616386.4	2013.11.27	发明
联合收割机的滚筒式分离清选装置	CN101849464A	韶关市闽韶物资有限公司	CN201010198625.5	2010.06.11	发明

经人工筛选之后，其中发生专利权质押融资的农业相关专利共6项，专利清单见表4-4。在已经质押的专利中，出质人乳源南岭好山好水冬虫夏草有限公司、宜昌山城水都冬虫夏草有限公司和韶关市詹氏养蜂场蜂业有限公司的专利数量最多，各有2件发明专利。并且广东东阳光药业有限公司的2件发明专利是于2015年乳源南岭好山好水冬虫夏草有限公司变更而来，变更后权利人是广东东阳光药业有限公司，主要涉及的技术是冬虫夏草栽培技术。

表4-4 韶关市农业相关技术专利发生质押融资的专利清单

专利标题	公开号	申请人	申请号	申请日	专利类型
一种新型双门大容积发泡培养箱	CN208449334U	广东泰宏君科学仪器股份有限公司	CN201820745681.8	2018.05.18	实用新型
一种光电蜂毒采集装置	CN205124710U	韶关市詹氏养蜂场蜂业有限公司	CN201520905355.5	2015.11.12	实用新型
一种冬虫夏草子实体及其培植方法	CN103650910A	乳源南岭好山好水冬虫夏草有限公司；宜昌山城水都冬虫夏草有限公司	CN201310432723.4	2013.09.22	发明
一种提高取体液后的蝙蝠蛾幼虫的存活率的方法	CN103651262A	乳源南岭好山好水冬虫夏草有限公司；宜昌山城水都冬虫夏草有限公司	CN201310432929.7	2013.09.22	发明

（续）

专利标题	公开号	申请人	申请号	申请日	专利类型
一种嗜酸硫酸盐还原菌菌株及其应用	CN104630097A	韶关市桃林绿化科技有限公司	CN201410810933.7	2014.12.22	发明
一种蜂毒采集装置	CN205124707U	韶关市詹氏养蜂场蜂业有限公司	CN201520905187.X	2015.11.12	实用新型

4.4　申请人排名分析

对韶关市农业相关专利的申请人排名进行统计分析，列出近二十年来在本技术领域内申请量排名前 10 的创新发明主体，主要目的是展示在韶关市农业类专利方向上，研发及布局的主要申请人。详见表 4-5、图 4-2。

在排名前 10 的申请人中，有 5 位是个人，2 个是高校和研究所，3 个是企业。排名第一的邓爱娜，从 2013 年 11 月开始申请专利，截至检索日，共有专利申请 70 件，其中发明专利申请 37 件，实用新型专利申请 33 件；共获得授权专利 33 件。2016 年之前的专利申请主要涉及的是拖拉机相关的技术和配套零部件研发；2017 年至今，主要是家用式阳台立体栽培装置，特别是以废弃塑料瓶为原料的。乳源瑶族自治县一峰农业发展有限公司排名第二，共有 69 件专利申请，主要涉及的方向是农用机械设备和农产品的外包装的外观专利。韶关学院排名第三，共有 50 件专利申请，其中发明专利申请 35 件，实用新型专利申请 15 件，已获专利授权 15 件。失效或无效专利占比较低，约为 22%。

表 4-5　韶关市涉及农业相关技术的专利申请人排名前 10 位清单

单位：件

排名	申请人	专利数量
1	邓爱娜	70
2	乳源瑶族自治县一峰农业发展有限公司	69
3	韶关学院	50
4	韶关市丰一工贸有限公司	43
5	朱杵养	40
6	江惠贤	39
7	华坚	32
8	林庆	32
9	广东丹霞农机有限公司	31
10	广东省烟草南雄科学研究所	31

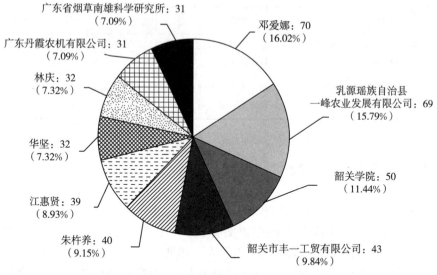

图 4-2　专利申请人构成比例示意

4.5　申请人类型分析

韶关市 1 994 件农业相关专利申请的申请人类型涵盖个人、企业、机关团体、大专院校和科研单位，其中个人和企业的占比最多，详见图 4-3 及表 4-6。

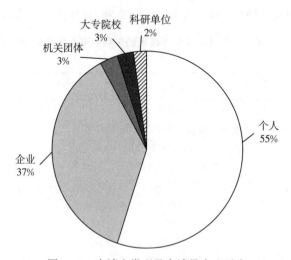

图 4-3　申请人类型及申请量占比示意

表 4-6　申请人类型及申请量统计

类型	个人	企业	机关团体	大专院校	科研单位
数量（件）	1 109	738	68	65	46

4.6　授权专利 5 年有效维持率分析

一般来说，申请专利的目的是为了保护技术成果，进行排他性的独占使用。一件专利申请在授权之后，如果要维持权利的继续有效，就必须及时续交年费。并且，随着专利的授权年限越久，需要缴纳的年费额度就越高。这样一来，许多专利权人就会视专利的重要程度选择缴费或放弃。因此，授权专利的 5 年有效维持率，一方面可以从一定程度上反映出某个专利所保护的技术是否真的具有价值，另外一方面也可以从侧面反映出专利权人特别是企业专利权人的经营状况。

韶关市农业相关专利的 1 994 件申请中，截至检索日仍然有效，并且授权后维持 5 年及以上的专利共有 222 件。本批专利的前 10 位申请人清单详见表 4-7。

表 4-7　前 10 位申请人名单

单位：件

申请人	专利权维持 5 年及以上的专利数量
翁源县坝仔胜龙名茶生产基地	14
官美平	10
韶关车八岭农业科技有限公司	10
黄亮	9
华坚	9
肖晓康	7
张广亮	6
黄众威	6
新丰县长荣生物科技有限公司	5
韶关市詹氏养蜂场蜂业有限公司	4

4.7　韶关市菜篮子基地企业专利保有量情况分析

在韶关市农业农村局 2019 年 5 月公布的 27 家韶关市广东省菜篮子基地

中，有专利申请的企业数量为 6 家，专利申请的类型有实用新型专利和外观设计专利，无发明专利申请。详见表 4－8。

表 4－8　韶关市广东省菜篮子基地企业专利保有量情况统计

单位：件

序号	基地名称	基地地址（韶关市）	发明	实用新型	外观设计
1	广东省菜篮子工程曲江天合牧科生猪基地	广东天合牧科实业股份有限公司	0	0	0
2	广东省菜篮子工程曲江孟庆功生猪基地	曲江区樟市镇孟庆功养猪场	0	0	0
3	广东省菜篮子工程仁化和而友生猪基地	仁化县和而友生态农业有限公司	0	0	0
4	广东省菜篮子工程始兴均航生猪基地	韶关均航畜牧有限公司	0	0	0
5	广东省菜篮子工程新丰板岭生猪基地	新丰板岭原种猪场	0	0	0
6	广东省菜篮子工程曲江智成家禽基地	广东智成食品股份有限公司	0	0	0
7	广东省菜篮子工程始兴古塘家禽基地	始兴县古塘实业开发有限公司	0	0	40
8	广东省菜篮子工程仁化雪印蔬菜基地	广东雪印集团有限公司	0	0	2
9	广东省菜篮子工程乐昌农丰蔬菜基地	乐昌市农丰农场	0	0	0
10	广东省菜篮子工程曲江田园蔬菜基地	韶关市曲江区田园绿色农场	0	0	0
11	广东省菜篮子工程浈江乳香元蔬菜基地	韶关市乳香元乳业有限公司	0	7	2
12	广东省菜篮子工程浈江赖家蔬菜基地	韶关市浈江区赖家香芋专业合作社	0	0	0
13	广东省菜篮子工程始兴美青蔬菜基地	始兴县美青农业发展有限公司	0	0	0
14	广东省菜篮子工程新丰城丰蔬菜基地	新丰县城丰蔬菜贸易有限公司	0	0	0
15	广东省菜篮子工程新丰兆丰蔬菜基地	新丰县兆丰佛手瓜专业合作社	0	0	0
16	广东省菜篮子工程仁化金果水果基地	韶关市金果农业生态园有限公司	0	0	6
17	广东省菜篮子工程浈江明弘水果基地	韶关市明弘生态农业有限公司	0	0	0
18	广东省菜篮子工程始兴洪源水果基地	始兴县洪源果业有限公司	0	0	0
19	广东省菜篮子工程始兴车八岭茶叶基地	始兴县车八岭茶业有限公司	0	0	2
20	广东省菜篮子工程乐昌昌盛蔬菜基地	乐昌市昌盛香芋生产流通专业合作社	0	0	0
21	广东省菜篮子工程乳源嘉农蔬菜基地	乳源瑶族自治县嘉农农业开发有限公司	0	0	0
22	广东省菜篮子工程乳源金穗丰蔬菜基地	乳源瑶族自治县金穗丰农业开发有限公司	0	0	0
23	广东省菜篮子工程始兴盛丰蔬菜基地	始兴县盛丰生态农业科技有限公司	0	0	0
24	广东省菜篮子工程翁源德财蔬菜基地	翁源县德财蔬菜专业合作社	0	0	0
25	广东省菜篮子工程仁化金喆园水果基地	韶关金喆园生态农业有限公司	0	9	0
26	广东省菜篮子工程始兴创发水果基地	始兴县创发生态农业开发有限公司	0	0	0
27	广东省菜篮子工程始兴原野水果基地	始兴县原野农场	0	0	0

4.8 韶关市 2019 年新增省重点农业龙头企业和农业产业化国家重点龙头企业专利情况专利保有量情况分析

　　2019 年，在韶关市新增的共 11 家省重点农业龙头企业和农业产业化国家重点龙头企业中，有专利申请的企业 6 家，其中只有 2 家企业有发明申请，数量各 1 件。详见表 4-9。

表 4-9　韶关市 2019 年新增国家级、省级农业龙头企业的专利申请量统计

单位：件

编号	单位名称	发明	实用新型	外观设计	备注
1	广东雪印集团有限公司	0	0	2	2019 年新认定的农业产业化国家重点龙头企业
2	乳源瑶族自治县瑶山王茶业有限公司	1	9	0	2019 年新认定的省重点农业龙头企业
3	乳源瑶族自治县金穗丰农业开发有限公司	0	0	0	2019 年新认定的省重点农业龙头企业
4	新丰县万鸿农产品开发有限公司	1	0	4	2019 年新认定的省重点农业龙头企业
5	广东马坝油粘科技开发有限公司	0	0	0	2019 年新认定的省重点农业龙头企业
6	韶关市曲江区田园农业科技发展有限公司	0	0	0	2019 年新认定的省重点农业龙头企业
7	韶关市龙凤胎畜牧有限公司	0	0	0	2019 年新认定的省重点农业龙头企业
8	广东兴顺佳集团有限公司（原广东兴顺佳食品科技发展有限公司）	0	8	0	2019 年新认定的省重点农业龙头企业
9	南雄市香溢工贸有限公司	0	3	0	2019 年新认定的省重点农业龙头企业
10	广东润粮农业科技有限公司	0	0	0	2019 年新认定的省重点农业龙头企业
11	广东誉马葡萄酒庄园股份有限公司	0	0	1	2019 年新认定的省重点农业龙头企业

4.9 韶关市出口示范基地企业的专利申请情况分析

根据韶关市农业农村局 2019 年 5 月 27 日公布的市出口示范基地名单所公示的 7 家企业，检索、统计这批企业的专利申请量，发现有专利申请的企业仅 1 家，即翁源县天下泽雨农业科技有限公司，其中发明专利申请 6 件，实用新型专利申请 12 件。其余公司无专利申请信息。详见表 4-10。

表 4-10 韶关市出口示范基地企业的专利申请量统计

单位：件

序号	企业名称	类别	发明	实用新型	外观设计
1	翁源县天下泽雨农业科技有限公司	种苗花卉种植场	6	12	0
2	广东天合牧科实业股份有限公司	禽畜养殖场	0	0	0
3	韶关市曲江区田园绿色农场	蔬菜种植基地及加工企业	0	0	0
4	鸿霖优质蔬菜（仁化）有限公司	蔬菜种植基地及加工企业	0	0	0
5	始兴县盛丰生态农业科技有限公司	蔬菜种植基地及加工企业	0	0	0
6	乳源瑶族自治县嘉农农业开发有限公司	蔬菜种植基地及加工企业	0	0	0
7	乐昌市昌盛香芋生产流通专业合作社	蔬菜种植基地及加工企业	0	0	0

第5章 韶关市现代农业技术 方向专利信息分析

本章所涉及的现代农业技术方向专利的范围划定，一方面，依据第3章的技术分解表中的技术分支所限定的五个技术方向；另一方面，结合韶关市农业相关专利的检索结果，在原技术分解表的基础上，对现代农业技术方向专利的范围进行了扩增，将自动化农业机械、无土栽培、肥料制作、植物油脂提取炼制、植物育种、基因改良技术、农药生产、农田土壤修复等农业研究专利成果也纳入分析范围。

韶关现代农业技术方向上的专利分析评议，首先介绍本技术领域专利申请的总体情况，再分别从近二十年申请趋势、现代农业技术专利在所有农业相关专利申请量中的占比、专利类型构成分析、现代农业技术专利的申请人类型分析等几个维度对韶关的专利情况进行进一步评议。韶关市现代农业技术专利的检索时间范围为：公开日在（含）2020年4月30日之前。申请人涵盖韶关市的3个市辖区、4个县、2个县级市、1个自治县范围内的个人、企业、大专院校、机关团体和科研单位。

5.1 申请趋势分析

经检索并结合人工筛选之后，得到韶关市涉及现代农业技术方向上的专利数据192条，其中专利申请为179件。专利数据统计基本情况，详见表5-1。

表5-1 韶关市现代农业技术方向中国专利数量统计

类别	申请量（件）	授权量（件）	授权比例（%）	有效量（件）	有效比例（%）
数量	179	111	62	84	47

韶关市现代农业技术相关专利申请趋势如图5-1所示。专利申请增长态势分析如图5-2所示。在本技术方向上，授权比例为62%，有效比例为47%。由上图可见，韶关市涉及现代农业技术的相关专利在2008年之前申请量很少且增长缓慢，2009年开始到2018年，专利申请呈快速上升趋势。2015—2016年申请量有明显的回落。整体的专利申请走势情况与农业相关专

利的趋势大致相同。2019 年及 2020 年的专利数据因为公开日滞后的原因，暂不具备参考价值。

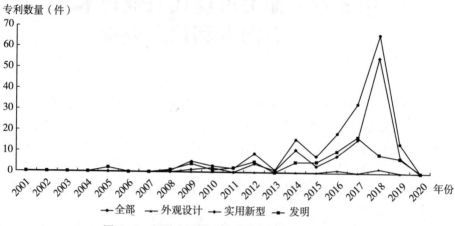

图 5-1　韶关市现代农业技术相关专利申请趋势

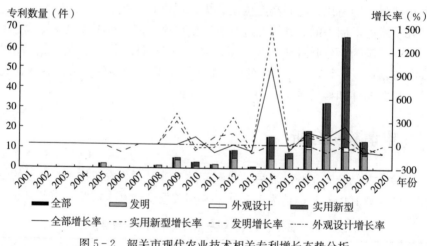

图 5-2　韶关市现代农业技术相关专利增长态势分析

从图 5-2 可知，在 2009 年、2012 年、2014 年，专利的申请量有大幅的增长，尤其是 2014 年，申请量为 16 件，且因为 2013 年出现了专利申请量回落，只有一件申请，2014 年总体增长率达到 1 500%。此后四年间，专利申请的增长呈稳中有升的态势。2018 年的专利申请量达到了历史的最高水平，为 66 件（含实用新型专利 55 件、外观设计专利 2 件、发明专利 9 件），虽然发明专利的申请量出现了负增长，为 -47%，但总体增长率较上年度仍然达到了 100%。

5.2　现代农业领域专利占比

从现代农业技术类专利申请量在所有农业类专利申请量的占比来看，占比为 9％，虽不足一成，但是分析专利法律状态之后发现，授权专利的有效量高于农业相关专利的总体水平，并且审查中的专利占比也较高（表 5-2）。再结合现代农业技术方向专利的结构类型及授权比例的数据，发明专利与实用新型专利的占比在 98％以上（表 5-3）；在如此高的发明与实用新型专利比例基础之上，授权比例仍高达 62％（表 5-1）；此外，失效与无效专利的比例只占同类型农业相关专利的 5.7％。从这些数据结果不难看出，相比农业相关专利，这部分专利的技术深度和质量水平都更高。

表 5-2　韶关市现代农业技术类专利在农业类专利申请中的占比情况

类别	申请量	有效量	失效或无效	审查中
农业相关专利（件）	1 994	707	1 054	233
现代农业技术方向专利（件）	179	84	60	35
占比（％）	9.0	11.9	5.7	15

表 5-3　韶关市现代农业技术专利的类型构成占比情况

专利类型	发明	实用新型	外观设计
专利数量（件）	68	108	3
占比（％）	38.0	60.3	1.6

5.3　专利类型构成分析

从专利类型构成占比来看，发明专利和实用新型专利占到 98％以上，外观设计专利的申请只有不到 2％。发明专利申请占比将近四成，反映了技术的创新程度较高。

从技术领域的构成来看，占比前 5 位的国际分类号大类为 A01、B64、C05、B01 和 C02。涵盖的技术方向为农林畜牧业的种植和养殖、航空飞行器（主要是植保无人机）、一般的物理或化学方法或装置、肥料制造、污水及污泥的处理领域。其中 A01，即大农业方向上的专利数量最多，为 123 件，占比为 68.7％。占比前 10 位的技术领域详见表 5-4、图 5-3。

表5-4　韶关市现代农业技术专利申请技术领域排名前10位

排名	技术领域	描述	专利数量（件）	专利占比（%）
1	A01	农业；林业；畜牧业；狩猎；诱捕；捕鱼	123	68.7
2	B64	飞行器；航空；宇宙航行	14	7.8
3	C05	肥料；肥料制造	8	4.5
4	B01	一般的物理或化学的方法或装置	7	3.9
5	C02	水、废水、污水或污泥的处理	5	2.8
6	C11	动物或植物油、脂、脂肪物质或蜡；由此制取的脂肪酸；洗涤剂；蜡烛	5	2.8
7	C12	生物化学；啤酒；烈性酒；果汁酒；醋；微生物学；酶学；突变或遗传工程	5	2.8
8	A23	其他类不包含的食品或食料；及其处理	4	2.2
9	B05	一般喷射或雾化；对表面涂覆液体或其他流体的一般方法	4	2.2
10	E03	给水；排水	4	2.2

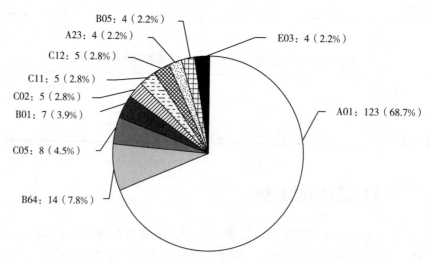

图5-3　韶关市现代农业技术专利申请所涉技术领域占比前10位

5.4　现代农业技术专利的申请人类型分析

韶关市现代农业技术方向上的专利申请，申请人的类型包含企业、个人、大专院校、科研单位和机关团体，其中企业的申请量最多（表5-5）。

表 5-5　韶关现代农业技术专利申请人类型及申请量数据

申请人类型	企业	个人	大专院校	科研单位	机关团体
申请量（件）	79	60	35	8	3

在申请人排名前 20 位中，各类型的申请人数量及占比见表 5-6。企业申请人的数量占比最多，达到 60％；申请量占比也最大，为 42.7％。大专院校的数量占比为 5％，但申请量占比达到了 18.9％。韶关现代农业技术专利申请人排名前 10 位名单详见表 5-7。

表 5-6　韶关现代农业技术专利申请人排名前 20 位的类型、数量及占比

申请人类型	企业	个人	大专院校	科研单位	机关团体
数量（家）	12	6	1	1	0
占比（％）	60	30	5	5	0

韶关市现代农业技术方向上排名前 10 的专利申请人、申请量及申请量占比如图 5-4 所示。其中排名第一的是韶关学院，大专院校类，占比约为 36.2％，比排名第二和第三的申请人占比之和还要高。排名第二的是乳源瑶族自治县一峰农业发展有限公司，企业类，占比约为 11.70％。排名第三的是广东省烟草南雄科学研究院，科研院所类，占比约为 10.64％。前 3 位申请人的申请量占比之和达到 58.54％，近六成，比后 7 位申请人的总和还要高。

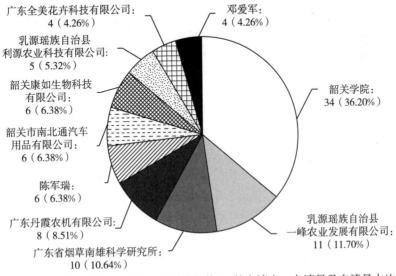

图 5-4　韶关市现代农业技术专利排名前 10 的申请人、申请量及申请量占比

在韶关市现代农业技术方向上，前十位申请人在申请专利时，发明、实用新型和外观设计三种类型专利的申请数量及比例详见表5-7及图5-5。

表5-7　韶关市现代农业技术专利方向排名前10申请人专利申请数量

单位：件

申请人类型	企业	个人	科研单位	大专院校	机关团体	小计
发明	22	18	4	28	1	73
实用新型	57	39	4	7	2	109
外观设计	0	3	0	0	0	3
申请量合计	79	60	8	35	3	185

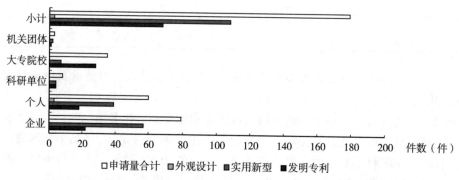

图5-5　韶关市现代农业技术专利方向排名前10申请人专利申请量示意

第6章　韶关市重点申请人
相关专利信息分析

本章对韶关市农业相关专利企业和高校类别的重点申请人的专利数据情况进行分析解读，重点关注申请人类别为企业及高校科研院所的专利申请。分析对象为韶关市农业相关专利申请量排名前2位的企业和排名前2位的高校科研院所，四位申请人信息详见表6-1。本章从不同维度分析各申请人的专利布局结构与特点、研发实力和重点细分领域的技术研发点。需要特别说明的是，在本章中，对于高校类申请人——韶关学院的专利信息分析，对于"现代农业技术"专利的界定和数据量的边界划定进行了扩大，有效专利的筛选不局限于上文所述现代农业的应用技术的五个方向，而是将更基础性的农业研究专利成果也纳入分析评议的范围。

6.1　申请人排名分析

依据韶关市农业相关专利1 994件申请数据，及韶关现代农业技术方向上的179件的专利申请数据，分析申请人信息，得出现代农业技术方向上的申请人排名前10位名单，详见表6-1。

表6-1　韶关现代农业技术方向前10位专利申请人

单位：件

排名	单位名称	数量
1	韶关学院	34
2	乳源瑶族自治县一峰农业发展有限公司	11
3	广东省烟草南雄科学研究所	10
4	广东丹霞农机有限公司	8
5	韶关市南北通汽车用品有限公司	6
6	陈军瑞	6
7	韶关康如生物科技有限公司	6
8	乳源瑶族自治县利源农业科技有限公司	5
9	广东全美花卉科技有限公司	4
10	邓爱军	4

由表 6-1 可知，韶关市现代农业技术方向前十位专利申请人，从申请人类型上来看，有 2 家是高校科研院所，6 家是企业，个人 2 位。高校科研院所的数量虽少，但是申请量的占比较大，仅韶关学院就有 34 件申请，2 家高校科研院所的申请量占前 10 位申请人总申请量约 47%。

在重点申请人样本选择上，本章挑选了现代农业技术方向上专利申请量前 3 位的单位：韶关学院、乳源瑶族自治县一峰农业发展有限公司和广东省烟草南雄科学研究所。此外，还选择了一家企业：韶关市丰一工贸有限公司（韶关市丰一机械科技有限公司），其专利基础较好，但在现代农业方向上的专利申请成果不够突出，现代农业农业技术专利申请仅 1 件。详见表 6-2。

表 6-2　数据分析样本选择名单及申请量

单位：件

单位类型	单位名称	总申请量	农业相关发明或实用新型专利申请量
高校科研院所	韶关学院	564	50
企业	乳源瑶族自治县一峰农业发展有限公司	141	43
高校科研院所	广东省烟草南雄科学研究所	74	41
企业	韶关市丰一工贸有限公司	81	49

6.2　韶关学院

韶关学院的专利申请共 564 件，其中农业相关专利申请 50 件，经人工精选，筛选出的与现代农业技术相关度高的专利结果有 35 件。专利清单见表 6-3。作为韶关市辖区内研发实力强，并且在现代农业技术领域产出的数量和质量都领先的发明人，在本节中，仅对韶关学院的现代农业技术方向上的 35 件专利申请进行分析。

表 6-3　韶关学院在现代农业技术方向的专利申请

专利标题	公开号	公开日	申请人	申请号	申请日
一种多足行走自动摘果机器人	CN208285852U	2018.12.28	韶关学院	CN201820833767.6	2018.05.31
一种乌塌菜的选育及繁殖方法	CN106258941A	2017.01.04	韶关学院	CN201610837233.6	2016.09.21

（续）

专利标题	公开号	公开日	申请人	申请号	申请日
一种蝴蝶兰脱毒苗培养繁殖方法	CN110050700A	2019.07.26	韶关学院；韶关市绿沃农业科技有限公司	CN201910440702.4	2019.05.24
微波技术在油茶子加工中的应用	CN101628925A	2010.01.20	韶关学院	CN200910040666.9	2009.06.25
一种粤北田七种苗繁育技术	CN104718939A	2015.06.24	韶关学院	CN201510095101.6	2015.03.03
微波膨化预处理乙醇溶液浸提食用油的方法	CN102643715A	2012.08.22	韶关学院	CN201210138128.5	2012.05.07
一种小菘菜细胞质雄性不育系及保持系的选育及繁殖方法	CN107211885A	2017.09.29	韶关学院	CN201710537528.6	2017.07.04
一种防治柑橘类黄龙病的药物及其制备方法以及使用方法	CN109619106A	2019.04.16	韶关学院	CN201811550215.5	2018.12.18
一种高含量花青素芥菜品系及其选育方法	CN108207620A	2018.06.29	韶关学院	CN201810149560.1	2018.02.13
微波预处理水酶法浸提油脂的方法	CN102816632A	2012.12.12	韶关学院	CN201210331443.X	2012.09.10
一种同时检测猪链球菌通用型和猪链球菌2型双重荧光定量PCR引物、试剂盒及方法	CN105779625A	2016.07.20	韶关学院	CN201610255090.8	2016.04.21

（续）

专利标题	公开号	公开日	申请人	申请号	申请日
直接从茶籽中提取茶皂素的方法	CN101497642A	2009.08.05	韶关学院	CN200910037987.3	2009.03.19
一种提高容氧量的微生物发酵罐	CN209383805U	2019.09.13	韶关学院；南京市计量监督检测院	CN201822179063.4	2018.12.25
一种高空果实连续采摘装置	CN208047336U	2018.11.06	韶关学院	CN201820551965.3	2018.04.17
一种微藻油脂的提取方法	CN107129860A	2017.09.05	韶关学院	CN201710328139.2	2017.05.11
酱香型保健板兔的制作方法及其制得的酱香型保健板兔	CN106616497A	2017.05.10	韶关学院	CN201710067135.3	2017.02.07
一种京水菜细胞质雄性不育系及保持系的选育及繁殖方法	CN107079811A	2017.08.22	韶关学院	CN201710537248.5	2017.07.04
一种土壤重金属污染修复一体化设备	CN209680792U	2019.11.26	韶关学院	CN201921088943.9	2019.07.11
一种粤北田七栽培肥料运筹方法	CN104718863A	2015.06.24	韶关学院	CN201510095102.0	2015.03.03
一种富硒烟草的生产方法	CN101213912A	2008.07.09	韶关学院	CN200810025643.6	2008.01.04
一种低糖固体速溶姜茶的制备方法	CN102630791A	2012.08.15	韶关学院	CN201210159863.4	2012.05.22
采用三相分离法从油茶籽中提取茶油的方法	CN101560439A	2009.10.21	韶关学院	CN200910039719.5	2009.05.25
一种夹摘装置	CN209861636U	2019.12.31	韶关学院	CN201920465644.6	2019.04.08

（续）

专利标题	公开号	公开日	申请人	申请号	申请日
油茶果综合深加工的方法	CN101812111A	2010.08.25	韶关学院	CN201010154916.4	2010.04.19
一种利用养殖废水培养微藻的方法	CN107629961A	2018.01.26	韶关学院	CN201710958817.3	2017.10.16
微波预处理水浸提食用油的方法	CN102550659A	2012.07.11	韶关学院	CN201110384633.3	2011.11.28
一种利用油菜素唑控制采后菠萝黑心病的方法	CN110896747A	2020.03.24	韶关学院	CN201911003608.9	2019.10.22
丹霞梧桐种子休眠破除及培育的方法	CN106922250A	2017.07.07	韶关学院	CN201710316448.8	2017.05.08
一种利用茴香修复富营养化水体中镉污染的方法	CN104556393A	2015.04.29	肖艳辉；何金明	CN201510038871.7	2015.01.27
一种乌塌菜细胞质雄性不育系及保持系的选育方法	CN106613898A	2017.05.10	韶关学院	CN201610837227.0	2016.09.21
一种抓剪一体式采摘手	CN207460860U	2018.06.08	韶关学院	CN201721632155.2	2017.11.30
工厂化栽培银耳的方法	CN102696401A	2012.10.03	韶关学院	CN201210225243.6	2012.07.03
水酶法提取茶籽油的方法	CN101569329A	2009.11.04	韶关学院	CN200910039039.3	2009.04.28
一种采摘机器人	CN209572478U	2019.11.05	韶关学院	CN201920247208.1	2019.02.27
一种利用芳香植物修复和高效利用镉污染农田土壤的方法	CN109772881A	2019.05.21	韶关学院	CN201910167240.3	2019.03.06

从图6-1可知，在这批专利申请所涉及的技术领域中，专利国际分类号大组排名前3的分别是A01H1（16.13%）、C11B1（16.13%）和A01D46（12.9%）。这3个类别合计占比约达到45.2%，主要涵盖的现代农业技术有：农作物良种选育、植物油脂提取及炼制、农业采摘机器人。其余技术领域分类号及释义详见表6-4。此外，在农作物的施肥方法、农作物无土栽培、植物学、农药研发等技术方向上也有布局。

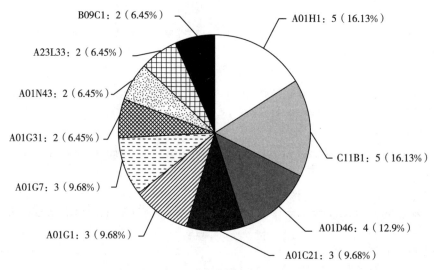

图6-1　韶关学院现代农业技术专利申请各技术领域的占比示意

表6-4　技术领域分类号及释义

技术领域	描　述
A01H1	改良基因型的方法
C11B1	从原料生产脂肪或脂油
A01D46	水果、蔬菜、啤酒花或类似作物的采摘；振摇树木或灌木的装置
A01C21	施肥方法
A01G1	园艺；蔬菜的栽培
A01G7	一般植物学
A01G31	水培；无土栽培
A01N43	含有杂环化合物的杀生剂、害虫驱避剂或引诱剂，或植物生长调节剂
A23L33	其他
B09C1	污染的土壤的复原

现代农业技术相关度高的专利申请34件，其中实用新型专利7件，发明专利27件。从34件专利的法律状态来看，失效或无效专利共11件，有效专利

12 件，审查中专利 11 件。失效专利占比约为 32.3%。截至公开日，单个专利的最长专利权维持期为 8.45 年，5 年以上专利维持期的专利数量也较多。有效专利占比以及专利权的维持情况远好于分析样本中的企业申请人专利。

从申请的时间上看，34 件实用新型专利均产出于 2008—2019 年。每年都有专利申请的产生，比较符合正常专利申请的一般规律。2017 年申请量最大，为 7 件，2008 年、2010 年和 2011 年较少，各有 1 件申请。

对于韶关学院的现代农业类专利申请的特点，概括来说有以下几点：第一，技术方向上具有明显的研究型创新主体的特点，技术研发更多聚焦在基础性研究方向，如育种、基因改良、杀虫剂、植物生长调节剂等门槛较高的农业技术研究；第二，发明专利的占比达到 80%，说明技术的创新程度较高；第三，专利申请的时间和批次分布均匀，符合专利产出的一般规律；第四，授权专利的 5 年有效维持率相对较高；第五，授权专利中，失效或无效专利比例适中。

6.3　乳源瑶族自治县一峰农业发展有限公司

乳源瑶族自治县一峰农业发展有限公司（以下简称乳源一峰农业公司）成立于 2014 年 8 月 28 日，注册地位于韶关市乳源县环城东路，法定代表人为黄剑华。其经营范围包括：农业开发，林业开发，家禽养殖及销售，农产品种植及销售，预包装食品、工艺品的销售，经济林木种植及销售，水产品养殖及销售，提供科普教育咨询服务，农业技术培训，自有物业租赁，生态农业观光，旅业，中餐制售，电子商务，农业技术推广服务，互联网技术开发、转让及推广，农业机械与设备的销售等。

乳源一峰农业公司基地位于广东省南岭国家森林公园保护区内，海拔860 多米，占地面积约 4 160 亩。基地依托广东最大自然保护区的地理优势和森林资源，因地制宜，深挖资源重点发展，目前形成一个集旅游观光、餐饮娱乐、养生养老、休闲度假、农业采摘、户外运动、科普游学、亲子娱乐于一体的综合性景区。基地目前主要以种植高山灵芝、铁皮石斛、天然油茶、名优特色水果、园林苗木等为主业，是广东省境内海拔较高、生态保持较为完整的原生态农业观光园。专利清单详见表 6-5，各技术领域的占比见图 6-2，技术领域分类号及释义见表 6-6。

表 6-5　乳源一峰农业公司现代农业领域专利清单

专利标题	公开号	公开日	申请人	申请号	申请日
一种农业喷灌机	CN208956602U	2019.06.11	乳源瑶族自治县一峰农业发展有限公司	CN201821149815.6	2018.07.20

（续）

专利标题	公开号	公开日	申请人	申请号	申请日
一种农业用水检测装置	CN208860837U	2019.05.14	乳源瑶族自治县一峰农业发展有限公司	CN201821198414.X	2018.07.27
一种农业机械用打药机	CN208783620U	2019.04.26	乳源瑶族自治县一峰农业发展有限公司	CN201821133770.3	2018.07.18
一种农业用防虫隔离网	CN208754836U	2019.04.19	乳源瑶族自治县一峰农业发展有限公司	CN201821187282.0	2018.07.26
一种农业灌溉用滴渗管	CN208540540U	2019.02.26	乳源瑶族自治县一峰农业发展有限公司	CN201821123200.6	2018.07.16
一种农业灌溉系统	CN208540535U	2019.02.26	乳源瑶族自治县一峰农业发展有限公司	CN201821116076.0	2018.07.16
一种农业大棚喷洒装置	CN208540507U	2019.02.26	乳源瑶族自治县一峰农业发展有限公司	CN201821079076.8	2018.07.09
一种农业环境检测装置	CN208459382U	2019.02.01	乳源瑶族自治县一峰农业发展有限公司	CN201821125126.1	2018.07.17
一种大型农场用自动喷水装置	CN208446269U	2019.02.01	乳源瑶族自治县一峰农业发展有限公司	CN201821071091.8	2018.07.07
一种带有施肥功能的铲子	CN204217322U	2015.03.25	乳源瑶族自治县一峰农业发展有限公司	CN201420698625.5	2014.11.20
预埋在土里的灌溉喷头	CN204047437U	2014.12.31	乳源瑶族自治县一峰农业发展有限公司	CN201420594707.5	2014.10.15

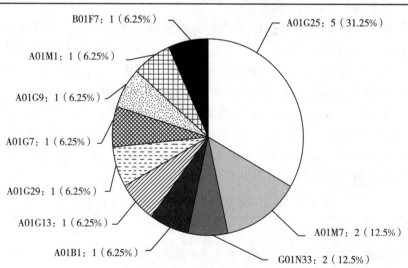

图6-2 乳源一峰农业公司现代农业专利申请各技术领域的占比示意

表6-6　技术领域分类号及释义

技术领域	描　述
A01G25	花园、田地、运动场等的浇水
A01M7	用于本小类所列目的的液体喷雾设备的专门配置或布置
G01N33	利用不包括在G01N 1/00至G01N 31/00组中的特殊方法来研究或分析材料
A01B1	手动工具
A01G13	植物保护
A01G29	根部给水器；将肥料注入根部
A01G7	一般植物学
A01G9	在容器、促成温床或温室里栽培花卉、蔬菜或稻
A01M1	捕捉或杀灭昆虫的固定式装置
B01F7	在固定容器内具有旋转搅拌装置的混合机；糅合机

在韶关辖区范围内的申请人中，乳源一峰农业公司的农业相关专利申请总量较大，共申请专利141件，其中实用新型专利43件，外观设计专利98件。从141件专利的法律状态来看，失效或无效专利共117件；有效专利24件，其中，23件实用新型专利，1件外观设计专利，总体失效专利占比超82%，且专利权维持时间多为2年左右，基本上不超过3年。

从申请的时间上看，43件为实用新型专利，集中在2014年10月至11月份申请的第一批专利20件，在2018年7月份集中申请第二批专利23件。99件外观设计专利也分两个批次申请，第一批是2015年，共计50件，第二批是2017年，共计49件。截至检索日，失效或无效状态外观设计专利占比约为99%。

对于乳源一峰农业公司专利申请的特点，概括来说有四点：第一，专利申请布局的结构类型缺失发明专利；第二，专利申请的时间较集中；第三，专利授权后，权利的维持年限较短；第四，专利申请总量大，但有效专利占比小。以上反映出该公司的创新研发缺乏规划，专利申请缺少持续性，且专利技术质量仍有待提高。

6.4　广东省烟草南雄科学研究所农业相关专利信息分析

本章检索得到广东省烟草南雄科学研究所的专利申请共计74件，其中农业相关类的专利申请42件，经人工筛选出与现代农业技术相关度高的专利为10件。专利清单详见表6-7。

表6-7 广东省烟草南雄科学研究所现代农业领域专利清单

专利标题	公开号	公开日	申请人	申请号
一种简易的烟叶定量淋施手持装置	CN209047178U	2019.07.02	广东省烟草南雄科学研究所	CN201821815094.8
一种可调节的烟叶定量淋施手持装置	CN209047170U	2019.07.02	广东省烟草南雄科学研究所	CN201821815070.2
一种可计数统计的昆虫性诱捕器	CN208242652U	2018.12.18	广东省烟草南雄科学研究所	CN201820860841.3
一种释放红彩真猎蝽的卵卡装置	CN208129026U	2018.11.23	广东省烟草南雄科学研究所	CN201720553369.4
一种烤烟精益施肥方法	CN107251697A	2017.10.17	广东省烟草南雄科学研究所；傅献忠	CN201710411826.0
一种提高贫氯烟田烟叶氯离子含量的方法	CN105794477A	2016.07.27	广东省烟草南雄科学研究所；傅献忠	CN201610220908.2
一种提高华南地区沙泥田土壤烤烟养分资源利用效率的方法	CN104718862A	2015.06.24	广东省烟草南雄科学研究所；广东烟草梅州市有限公司；青岛农业大学	CN201410718108.4
有机肥施肥机	CN204031796U	2014.12.24	广东省烟草南雄科学研究所	CN201420367215.2
红彩真猎蝽若虫规模化饲养器皿	CN203723281U	2014.07.23	广东省烟草南雄科学研究所	CN201420009221.0
一种饲养红彩真猎蝽的方法	CN102440227A	2012.05.09	广东省烟草南雄科学研究所	CN201110363371.2

从图6-3可知,在广东省烟草南雄科学研究所农业类专利申请所涉及的技术领域中,专利国际分类号大组排名前3的分别是A01C21(20%)、A01K67(20%)和A01G1(13.33%)。这3个类别合计占比约达到53.3%,主要涵盖的农业技术有:烟叶种植的病虫害的生物防治、烟叶种植及精益施肥技术、烟叶的水培育苗等。其余技术领域分类号、释义、数量及占比情况详见表6-8。

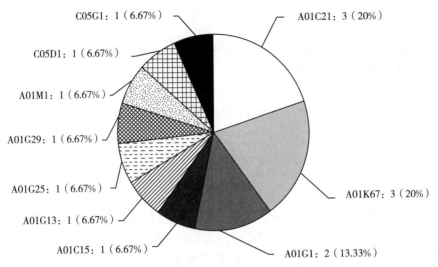

图 6-3 广东省烟草南雄科学研究所现代农业专利申请技术领域构成示意

表 6-8 技术领域分类号、释义、数量及占比

技术领域	描　　述	专利数量（件）	专利占比（%）
A01C21	施肥方法	3	20.00
A01K67	饲养或养殖其他类不包含的动物；动物新品种	3	20.00
A01G1	园艺；蔬菜的栽培	2	13.33
A01C15	施肥机械	1	6.67
A01G13	植物保护	1	6.67
A01G25	花园、田地、运动场等的浇水	1	6.67
A01G29	根部给水器；将肥料注入根部	1	6.67
A01M1	捕捉或杀灭昆虫的固定式装置	1	6.67
C05D1	钾肥	1	6.67
C05G1	分属于 C05 大类下各小类中肥料的混合物	1	6.67

6.5 韶关市丰一工贸有限公司农业相关专利信息分析

韶关市丰一机械科技有限公司成立于 2001 年 9 月 5 日，注册地位于韶关市武江区科技工业园内，法定代表人为廖俊湘。公司的经营范围包括：通用机械研究、开发；制造、销售：通用机械及零配件、联合收割机；销售：铆焊件、办公用品、矿山机械设备及零配件、环保节能设备及零配件、五金配件、

劳保用品。2017 年 11 月由韶关市丰一工贸有限公司更名为韶关市丰一机械科技有限公司。

　　检索得到权利人为韶关市丰一工贸有限公司（以下简称丰一工贸）或韶关市丰一机械科技有限公司（以下简称丰一机械科技）的专利申请共 84 件，其中丰一工贸作为申请人的专利申请 65 件，丰一机械科技作为申请人的专利申请 19 件。丰一机械科技的专利申请主要围绕机床、一般车辆、燃烧发动机的相关技术布局。经人工精选，筛选出与农业（包括农用机械及零部件）相关的专利申请 54 件。

　　在 54 件农业相关专利申请中，发明专利为 8 件，实用新型专利为 41 件，外观设计专利申请为 5 件，结构占比如图 6－4 所示，各技术领域占比见图 6－5，技术领域分类号及释义见表 6－9。从法律状态来看，失效或无效专利共 51 件；有效专利 3 件，其中，2 件为实用新型专利，1 件发明专利。专利权维持时间最长的超过 6 年，最短的不足 1 年。大部分维持期介于 2 年到 3 年。

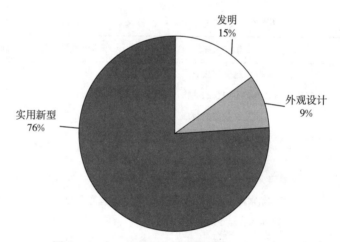

图 6－4　丰一工贸农业相关专利类型占比示意

　　从专利的申请时间上看，分布在 2009—2016 年，其中 2013 年的申请量最大，为 28 件，2011 年和 2012 年没有专利申请。维持期最长的为"风吹式联合收割机"的实用新型专利（申请号为 CN201621078097.9），达到 6.54 年。截至检索日，失效或无效状态专利数量为 51 件，占比约为 94％。

　　对于丰一工贸专利申请的特点，概括来说有四点：第一，专利类型较完备，实用新型专利占比最高；第二，专利申请的时间和批次分布较均匀，但也有明显的高峰期；第三，专利申请布局的技术点较为集中，围绕主营业务范围有侧重；第四，有效专利占比量偏低。

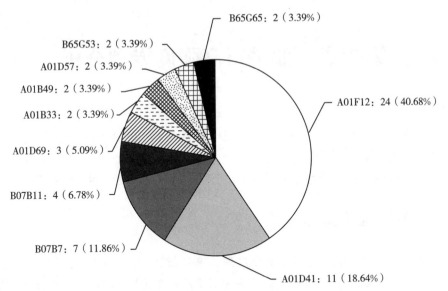

图 6-5　丰一工贸农业技术相关专利申请各技术领域的占比示意

表 6-9　技术领域分类号及释义

技术领域	描　述
A01F12	脱粒设备的部件或零件
A01D41	联合收割机，即与脱粒装置联合的收割机或割草机
B07B7	用气流传送固体物料，或将固体物料扩散在气流里进行分选
B07B11	使用气流将固体从固体中分离的设备的附件装置
A01D69	收割机或割草机的驱动机构或其部件
A01B33	带驱动式旋转工作部件的耕作机具
A01B49	联合作业机械
A01D57	收割机或割草机的输送装置
B65G53	用浮动物料，或气流、液流，或泡沫流通过槽、管道，或管子输送散装物料
B65G65	装载或卸载

第 7 章　韶关市高强度专利分析

本章将韶关市 1 994 条农业类专利申请导入 INNOGRAPHY 系统进行专利强度分析，筛选出得分在 30 分以上的专利 41 条，然后分别从同族数量、引用次数、被引次数、同族专利、法律状态等维度对高强度专利进行解析。

7.1　专利强度排名分析

将本批专利按照强度得分降序排列，排名前 20 的专利清单详见表 7-1。其中公开号为 CN203704244U 的"一种空调控制系统"，申请人是黄志海，在 2017 年 3 月发生了专利权的转移，转移之后，权利人为深圳市百智康科技有限公司，并于 2019 年 11 月因未缴年费导致专利权的中止。其余专利的权利人的地址均在韶关市辖区内。从这 20 件专利的法律状态来看，失效和无效的占 75％，有效专利占 20％，审查中专利占 5％。

表 7-1　韶关市农业相关专利强度得分排名前 20

专利标题	公开号	申请人	申请日	最新法律状态	强度得分
梳脱式联合收割机	CN203340586U	韶关市丰一工贸有限公司	2013.05.25	欠费	63
一种市政道路警示装置	CN207347956U	广东清泉建设工程有限公司	2017.08.31	授权	61
铁铜硫多金属矿山拦泥库废水处理工艺	CN105858969A	韶关市雅鲁环保实业有限公司	2016.06.07	审查	58
一种油茶籽压榨用剥壳机	CN205501248U	广东宝华农业科技股份有限公司	2016.03.30	授权	56
一种提高华南地区沙泥田土壤烤烟养分资源利用效率的方法	CN104718862A	广东省烟草南雄科学研究所；广东烟草梅州市有限公司；青岛农业大学	2014.12.01	驳回	50
一种空调控制系统	CN203704244U	黄志海	2013.11.20	欠费	48
具有护肤杀菌功效的纯中药洗手皂液	CN104357242A	骆志明	2014.11.12	撤回	48

（续）

专利标题	公开号	申请人	申请日	最新法律状态	强度得分
一种土壤调理剂及其制备方法	CN107267151A	蒋奇晋；吕书记	2017.07.27	授权	47
水产养殖水循环过滤系统	CN101475288A	韶关市力冉农业科技有限公司	2009.01.23	撤回	45
一种动物固定装置	CN203328843U	陈国华	2013.06.25	欠费	44
一种水洗空气净化装置	CN201768449U	赵永科；陈福轶	2010.08.27	中止	44
一种大蒜红萝卜联合收获机	CN103222368A	韶关市广业机械有限公司	2013.05.06	撤回	44
具有生态循环系统的花盆	CN204146095U	乳源瑶族自治县一峰种养专业合作社	2014.10.14	到期	43
一种红景天手工皂及其制备方法	CN105524751A	胡伟杰	2014.10.24	驳回	42
微波预处理水酶法浸提油脂的方法	CN102816632A	韶关学院	2012.09.10	撤回	42
养咽润喉保健茶	CN102246876A	江惠贤	2010.12.20	撤回	41
阶梯造型鱼菜共生养殖鱼缸	CN204217617U	林庆	2014.11.14	欠费	41
一种旋转立体水培花架	CN104025997A	林庆	2014.06.25	撤回	41
铁皮石斛绑树栽培方法	CN102823401A	仁化县鑫宇生态开发有限公司	2012.08.22	驳回	40
一种多功能的智能花盆	CN208639089U	张彩银	2017.07.20	授权	40

7.2　同族专利数量分析

同族专利是指基于同一优先权文件，在不同国家或地区，以及地区间专利组织多次申请、多次公布或批准的内容相同或基本相同的一组专利文献。专利的同族数量多少是快速定位"高价值专利"的一项参考指标。一般来说，特别有用的技术才会在不同的目标国进行布局，申请同族专利。通常情况下，越是重要的发明创造，布局的国家越多，技术发展也最活跃，一个专利的简单同族专利数量越多，越表明申请人对所保护的这项技术寄予厚望。

对韶关市所有农业相关专利进行同族检索分析后发现，1 994 件专利申请中，同族数量大于等于 3 件的申请共 6 件，同族数量大于等于 2 件的申请共71 件，其余专利申请同族数量均为 1 件。同族数量大于等于 3 件的专利清单见表 7－2。这 6 件专利申请中，有 5 件申请了 PCT 国际专利，还有 1 件（阴模法生产工艺珍珠，公开号：CN85105037A）在 1987 年申请了日本专利。6 件PCT 专利法律状态都是审查中，1 件日本专利的法律状态是到期。

表 7－2　同族数量大于等于 3 件专利清单

专利标题	公开号	公开日	同族	申请人	申请日	专利状态
一种履带自走式双旋耕机	CN103931285A	2014.07.23	3	邓光辉	2014.04.14	失效或无效
一种履带自走式双起垄机	CN103931284A	2014.07.23	3	邓光辉；邓晓燕	2014.04.14	失效或无效
一种新型起垄机	CN103392392A	2013.11.20	3	邓光辉	2013.07.02	失效或无效
一种前置式旋耕机	CN103348790A	2013.10.16	3	邓光辉	2013.07.02	失效或无效
联合收割机的滚筒式分离清选装置	CN101849464A	2010.10.06	3	韶关市闽韶物资有限公司	2010.06.11	有效
阴模法生产工艺珍珠	CN85105037A	1986.07.02	3	刘小明	1985.06.27	失效或无效

7.3　引用与被引用情况分析

专利引用是指一件专利被在后专利的申请人或审查员所引用。专利引用通常表征着两件专利在技术上的关联性。由于专利引用代表了一种关联，所以人们也尝试在这种关联中寻找其蕴含的重要信息，比如专利技术的重要性或者专利的价值。目前，人们通常会认为，一件专利被后续引用的次数越多，该专利技术的重要程度越高。本节对韶关的 1 994 件农业相关专利申请的数据进行引证检索与分析，被引数量大于 10 次的共有 25 件，清单详见表 7－3。

表 7 - 3 韶关市农业相关专利中被引数量大于 10 次的专利清单

专利标题	公开号	公开日	申请人	申请号	申请日	后引数量（次）	前引数量（次）
铁皮石斛绑树栽培方法	CN102823401A	2012.12.19	仁化县鑫宇生态开发有限公司	CN201210302037.0	2012.08.22	4	35
桑叶茶制作的方法	CN102356793A	2012.02.22	广东信达茧丝绸股份有限公司	CN201110311718.9	2011.10.14	4	29
铁皮石斛种植方法	CN104025987A	2014.09.10	韶关车八岭农业科技有限公司	CN201410284005.1	2014.06.24	0	24
工厂化栽培银耳的方法	CN102696401A	2012.10.03	韶关学院	CN201210225243.6	2012.07.03	0	20
水酶法提取茶籽油的方法	CN101569329A	2009.11.04	韶关学院	CN200910039039.3	2009.04.28	0	18
一种保健大米及其制备方法	CN101999599A	2011.04.06	广东金友集团有限公司	CN201010525234.X	2010.10.30	5	17
油茶果综合深加工的方法	CN101812111A	2010.08.25	韶关学院	CN201010154916.4	2010.04.19	1	17
微波技术在油茶籽加工中的应用	CN101628925A	2010.01.20	韶关学院	CN200910040666.9	2009.06.25	0	17
一种水洗空气净化装置	CN201768449U	2011.03.23	赵永科；陈福轶	CN201020508182.0	2010.08.27	0	17
微波预处理水酶法浸提油脂的方法	CN102816632A	2012.12.12	韶关学院	CN201210331443.X	2012.09.10	6	15
一种米香型白酒的酿造方法	CN101338265A	2009.01.07	翁源县古泉米酒厂；华南理工大学	CN200810030109.4	2008.08.12	0	15
一种耐烟碱家蝇种的强化方法	CN103563858A	2014.02.12	南雄市中大赛尔生物技术有限公司；中国烟草总公司广东省公司；中山大学；华南农业大学；广东烟草梅州市有限公司	CN201310551673.1	2013.11.07	1	14

（续）

专利标题	公开号	公开日	申请人	申请号	申请日	后引数量（次）	前引数量（次）
水产养殖水循环过滤系统	CN101475288A	2009.07.08	韶关市力冉农业科技有限公司	CN200910037024.3	2009.01.23	0	14
直接从茶籽中提取茶皂素的方法	CN101497642A	2009.08.05	韶关学院	CN200910037987.3	2009.03.19	0	13
一种富硒烟草的生产方法	CN101213912A	2008.07.09	韶关学院	CN200810025643.6	2008.01.04	0	12
一种饲养红彩真猎蝽的方法	CN102440227A	2012.05.09	广东省烟草南雄科学研究所	CN201110363371.2	2011.11.16	1	12
水面垃圾清理收集船	CN1079701A	1993.12.22	饶光德	CN92106962.6	1992.06.12	0	12
一种低糖固体速溶姜茶的制备方法	CN102630791A	2012.08.15	韶关学院	CN201210159863.4	2012.05.22	4	11
超超临界火电机组焊接 SA335-P91/P92 钢的焊接工艺	CN102615380A	2012.08.01	广东省韶关粤江发电有限责任公司	CN201210063051.X	2012.03.10	4	11
一种烤烟高温逼熟烟叶的精准密集烘烤工艺	CN103271428A	2013.09.04	广东省烟草南雄科学研究所	CN201310162961.8	2013.05.06	8	10
高分子材料包裹的水产饲料添加剂	CN101006829A	2007.08.01	李旭东	CN200710026515.9	2007.01.26	0	10
一种动物固定装置	CN203328843U	2013.12.11	陈国华	CN201320368745.4	2013.06.25	0	10
养咽润喉保健茶	CN102246876A	2011.11.23	江惠贤	CN201010594967.9	2010.12.20	0	10
采用三相分离法从油茶籽中提取茶油的方法	CN101560439A	2009.10.21	韶关学院	CN200910039719.5	2009.05.25	0	10

7.4　重点专利解析

7.4.1　强度得分最高的单篇专利分析

从专利解决的技术问题来看，在本专利发明之前，缺少适宜于中国南方、西南方的山区丘陵地貌的实际生产条件下使用的工作效率高、工作结构简单、制作安装维护方便、价格相对较低的小型联合收割机。

表 7 - 4　梳脱式联合收割机（CN203340586U）**专利基本信息**

专利名称					
梳脱式联合收割机					
专利权人	申请号	申请日	公告日	失效日期	专利维持期
韶关市丰一工贸有限公司	CN201320290370.4	20130525	20131218	20160525	4 年

从专利采用的技术方案来看，多个功能部件的设置和合理结构布局实现了收割机更小型的体积。联合收割机集成了叶片式拨禾器、上下双滚式脱粒装置、振动筛、接谷斗、旋转式螺旋滚筒碎茎装置、吸风管、谷杂分离装置及动力系统等多个功能模块，实现了禾苗拔出、谷杂分离、稻谷由谷口装袋、杂物由风机口吹出的一系列谷物收割工序。梳脱式联合收割机的说明书附图如图 7-1 所示。梳脱式联合收割机专利的引用及被引情况如图 7-2 所示。

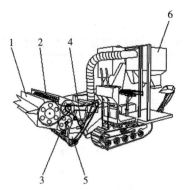

图 7 - 1　梳脱式联合收割机的说明书附图

1. 叶片式拨禾器；2. 上下双滚式脱粒装置；3. 螺旋滚筒碎茎装置；4. 后脱粒滚筒；

5. 振动筛及接谷斗；6. 多筒谷杂分离装置

从保护范围来看，本实用新型的中国专利已经失效。该专利作为重要的技术，对后期的专利申请及相关技术方案的研发起到了较大的参考作用。从图 7-2 可知，本专利的被引次数为 7 次，并且有两次是 2013 年 5 月申请的

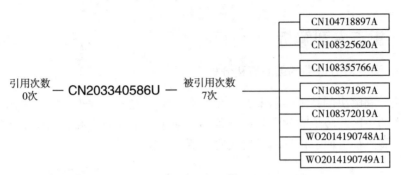

图 7-2 梳脱式联合收割机专利的引用及被引情况

PCT 国际专利，当前的法律状态是审查中。

7.4.2 同族数量最多的专利分析

检索发现，同族数量 3 件及以上的专利为 6 件，选择其中一种履带自走式双旋耕机（CN103931285A）专利作为分析样本，专利基本信息见表 7-5。

表 7-5 一种履带自走式双旋耕机（CN103931285A）专利基本信息

专利标题						
一种履带自走式双旋耕机						
专利权人	公开号	公开日	同族	申请人	申请日	专利状态
邱景	CN103931285A	2014.07.23	3	邓光辉	2014.04.14	失效或无效

专利家族概况见表 7-6。

表 7-6 CN103931285A 同族专利的地域分布及法律状态

序号	公开号	申请号	专利名称	申请人	公开日	最新法律状态	最新专利状态
1	CN103931285B	CN201410148994.1	一种履带自走式双旋耕机	邓光辉	2017.02.01	欠费	失效或无效
2	WO2015158036A1	CN2014079918W	CONTINUOUS TRACK SELF-PROPELLED DUAL-ROTARY TILLER	DENG GUANG HUI	2015.10.22	申请	审查中
3	CN103931285A	CN201410148994.1	一种履带自走式双旋耕机	邓光辉	2014.07.23	欠费	失效或无效

从专利解决的技术问题来看，在本专利发明之前，现有履带自走式旋耕机存在着两个缺陷：第一，由于普通履带自走式旋耕机的机架只有一端安装有旋耕机，当其在较小面积的田地、田地角落或边缘进行作业时，泥土碾碎的效率

和效果较差，必须利用旋耕机再次进行碾土工作才能碎土，需要反复倒车，降低了履带自走式旋耕机的工作效率低，增加了作业成本。第二，由于普通履带自走式旋耕机的传动箱总成的不完善，只将收割机或拖拉机的动力输出轴的动力传动到一个方向，带动一个旋耕刀轴进行工作，使得发动机输出效率不能被有效地利用，存在着浪费。本发明的提出，克服了现有技术的缺点与不足，提供一种作业效率高、作业成本低、能够合理利用履带自走式双旋耕机动力机构的输出效率的履带自走式双旋耕机。图 7-3 为该专利说明书附图。

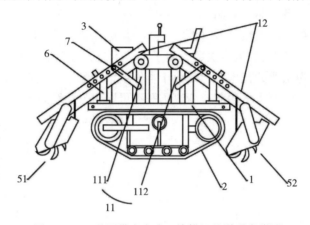

图 7-3　一种履带自走式双旋耕机的说明书附图

1. 机架；2. 履带行走机构；3. 动力机构；6. 两液压油缸；7. 锁位杆；11. 两支承架；

12. 两连接架；51. 前旋耕机；52. 后旋耕机；111. 支承架一；112. 支承架二

从保护范围来看，本实用新型的中国专利已经失效，权利持续期为 5 年。申请日为 2014 年 4 月 14 日，授权公告日为 2017 年 2 月 1 日，后因未缴年费的原因，权力失效，权利终止日期为 2018 年 4 月 14 日。同族的 PCT 专利申请，公开号为 WO2015158036A1，现在是审查阶段。

7.4.3　引用与被引用次数最多的专利分析

详见表 7-7。

表 7-7　一种履带自走式双旋耕机（CN103931285A）专利基本信息

专利标题						
铁皮石斛绑树栽培方法						
专利权人	公开号	申请日	申请人	引用 （次）	被引用 （次）	专利状态
仁化县鑫宇生态开发有限公司	CN102823401A	2012.08.22	邓光辉	4	35	失效或 无效

从专利解决的技术问题来看，本专利发明的是兰科石斛类组织培养育苗技术及仿野生栽培技术。一方面，铁皮石斛野生资源因为遭到毁灭性采挖，野生铁皮石斛濒临灭绝。另一方面，由于铁皮石斛自然生长环境特殊，给人工栽培带来一定困难，普遍存在铁皮石斛移栽成活率低、产品品质不理想、种植成本高等问题。

本技术方案实现了采用易得的基质原料，制作简单，不施用化肥，育苗成本低，组培苗炼苗成活率高，所得驯化苗根系发达，茎粗壮，环境适应能力强的技术效果。这种铁皮石斛绑树栽培的方法种植成本低，管理容易，存活率高，采收期长，且产品品质高。

从引用与被引的次数来看（图7-4），本发明申请引用次数为4次，被引用次数为35次。较高的被引次数表明了本技术方案作为石斛类组织培养育苗技术领域内较为重要的技术，但是由于本件申请被驳回，最终未能获得专利授权，所以保护范围便无从谈起，变成了一项可以为公众利用的公开技术。

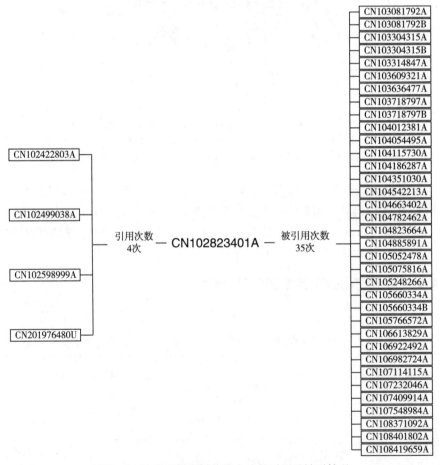

图7-4　铁皮石斛绑树栽培方法的引用及被引情况

第8章 韶关市农业技术人才分析

本章针对韶关市现代农业技术方向上的179条专利申请信息进行分析，分别从申请量排名、所属技术领域、所属单位类型、授权专利5年有效维持率几个维度对重点发明人（专利申请量排名前10的发明人）情况进行介绍和分析。

8.1 发明人排名分析

从表8-1可以看出，在韶关市现代农业技术方向上的专利发明人中，排名前3的分别是：乳源瑶族自治县一峰农业发展有限公司的黄剑华、广东丹霞农机有限公司的赖华和韶关学院的张卫国。发明人数量最多的前4个单位分别是：广东丹霞农机有限公司、韶关学院、广东省烟草南雄科学研究所和韶关市南北通汽车用品有限公司。

表 8-1 发明人申请量排名前 10 清单

单位：件

排名	姓名	申请量	单 位
1	黄剑华	11	乳源瑶族自治县一峰农业发展有限公司
2	赖华	8	广东丹霞农机有限公司
2	张卫国	8	韶关学院
4	朱道锋	7	广东丹霞农机有限公司
5	陈军瑞	6	个人
5	何振峰	6	广东省烟草南雄科学研究所
5	朱义祥	6	广东丹霞农机有限公司
5	黎宏志	6	韶关市南北通汽车用品有限公司
5	孔永强	6	韶关市南北通汽车用品有限公司
10	邓海滨	5	广东省烟草南雄科学研究所
10	李海渤	5	韶关学院
10	郑立军	5	韶关学院
10	阙炜	5	乳源瑶族自治县利源农业科技有限公司
10	黄若谷	5	广东丹霞农机有限公司

8.2 发明人所属技术领域分析

筛选专利申请量排名前 10 的 14 位发明人所申请的专利数据，得出专利申请 47 件；对其所属技术领域进行分析，技术领域分布情况见表 8-2。

表 8-2 专利申请量排名前 10 的技术领域一览表

技术领域	描　　述	专利数量
A01G25	花园、田地、运动场等的浇水	10
B64C39	其他飞行器	6
B64D47	其他类目不包含的设备	6
A01H1	改良基因型的方法	5
A01M7	用于本小类所列目的的液体喷雾设备的专门配置或布置	5
A01B49	联合作业机械	4
C11B1	从原料生产脂肪或脂油	4
A01K67	饲养或养殖其他类不包含的动物；动物新品种	3
A01C15	施肥机械	2
A01C23	专门适用于液体厩肥或其他液体肥料，包括氨水的撒布装置，例如运输罐、喷洒车	2

由图 8-1 专利申请量排名前十的技术领域占比构成可以看出，技术领域

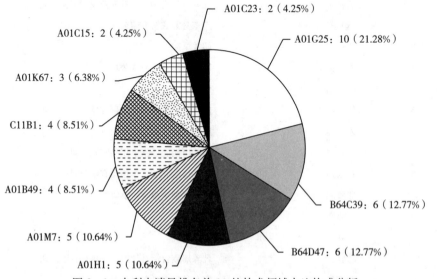

图 8-1　专利申请量排名前 10 的技术领域占比构成分析

分布最集中的三个方向分别是：有关农作物灌溉设备及配套设备与技术（A01G25）、农业无人机应用技术（B64C39、B64D47）、农作物育种与繁殖技术（A01H1）。此外，在联合收割机（A01B49）、谷物脱粒机（A01B49）、植物油脂提炼技术（C11B1）、烟叶病虫害的生物防治技术（A01K67）等方向上也有分布。

8.3　发明人所属单位类型分布

对专利申请量排名前 10 的 14 位发明人所属单位类型进行分析，其中，属于企业的有 8 位，属于大专院校的有 3 位，属于个人的有 1 位，属于科研单位的有 2 位。

前 15 位发明人分属的四种单位类型，各自的申请量占比见图 8-2。

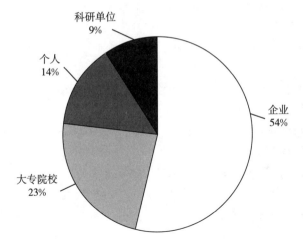

图 8-2　前 15 位发明人所属单位类型的专利申请量占比示意

8.4　授权专利 5 年有效维持率分析

在专利申请量排名前 10 的 14 位发明人的 56 件专利申请中，截至检索日，法律状态为有效的有 23 件。56 件专利申请授权后的权利维持期详情见表 8-3，统计情况见表 8-4。这 56 件专利申请，授权后专利有效期维持在 5 年及以上的有 5 件，截至检索日仍有效的仅有 2 件，授权专利 5 年有效维持率为 8.9%。

表 8-3 授权专利权利维持期明细

专利标题	公开号	申请人	申请日	专利维持期
微波预处理水浸提食用油的方法	CN102550659A	韶关学院	2011.11.28	8.46 年
微波技术在油茶籽加工中的应用	CN101628925A	韶关学院	2009.06.25	8.13 年
微波膨化预处理乙醇溶液浸提食用油的方法	CN102643715A	韶关学院	2012.05.07	8.02 年
水酶法提取茶籽油的方法	CN101569329A	韶关学院	2009.04.28	7.16 年
油茶果综合深加工的方法	CN101812111A	韶关学院	2010.04.19	6.16 年
采用三相分离法从油茶籽中提取茶油的方法	CN101560439A	韶关学院	2009.05.25	3.28 年
一种乌塌菜细胞质雄性不育系及保持系的选育方法	CN106613898A	韶关学院	2016.09.21	3.27 年
直接从茶籽中提取茶皂素的方法	CN101497642A	韶关学院	2009.03.19	3.26 年
一种释放红彩真猎＋A10：A47螨的卵卡装置	CN208129026U	广东省烟草南雄科学研究所	2017.05.18	2.99 年
一种小菘菜细胞质雄性不育系及保持系的选育及繁殖方法	CN107211885A	韶关学院	2017.07.04	2.86 年
一种京水菜细胞质雄性不育系及保持系的选育及繁殖方法	CN107079811A	韶关学院	2017.07.04	2.86 年
一种具有无人机的巡逻驱赶装置	CN108033010A	陈军瑞	2017.12.04	2.44 年
一种具有无人机的巡逻装置	CN107813931A	陈军瑞	2017.12.04	2.44 年
一种身份识别巡逻无人机	CN107792362A	陈军瑞	2017.12.04	2.44 年
一种可快速播种施肥的拖拉机	CN109906714A	韶关市南北通汽车用品有限公司	2017.12.13	2.42 年
一种带分料机构的拖拉机	CN109906696A	韶关市南北通汽车用品有限公司	2017.12.13	2.42 年
一种可同时播种施肥的拖拉机	CN109906695A	韶关市南北通汽车用品有限公司	2017.12.13	2.42 年
一种可快速播种施肥的拖拉机	CN207560731U	韶关市南北通汽车用品有限公司	2017.12.13	2.42 年

（续）

专利标题	公开号	申请人	申请日	专利维持期
一种可同时播种施肥的拖拉机	CN207560699U	韶关市南北通汽车用品有限公司	2017.12.13	2.42 年
一种带分料机构的拖拉机	CN207560698U	韶关市南北通汽车用品有限公司	2017.12.13	2.42 年
微波预处理水酶法浸提油脂的方法	CN102816632A	韶关学院	2012.09.10	2.33 年
一种高含量花青素芥菜品系及其选育方法	CN108207620A	韶关学院	2018.02.13	2.25 年
一种饲养红彩真猎蝽的方法	CN102440227A	广东省烟草南雄科学研究所	2011.11.16	2.21 年
红彩真猎蝽若虫规模化饲养器皿	CN203723281U	广东省烟草南雄科学研究所	2014.01.08	2.15 年
一种带有施肥功能的铲子	CN204217322U	乳源瑶族自治县一峰农业发展有限公司	2014.11.20	2.13 年
预埋在土里的灌溉喷头	CN204047437U	乳源瑶族自治县一峰农业发展有限公司	2014.10.15	2.13 年
有机肥施肥机	CN204031796U	广东省烟草南雄科学研究所	2014.07.04	2.12 年
多功能智能田园喷灌机	CN105917832A	广东丹霞农机有限公司	2016.04.21	2.04 年
一种可计数统计的昆虫性诱捕器	CN208242652U	广东省烟草南雄科学研究所	2018.06.05	1.94 年
一种农业大棚喷洒装置	CN208540507U	乳源瑶族自治县一峰农业发展有限公司	2018.07.09	1.85 年
一种大型农场用自动喷水装置	CN208446269U	乳源瑶族自治县一峰农业发展有限公司	2018.07.07	1.85 年
一种农业灌溉用滴渗管	CN208540540U	乳源瑶族自治县一峰农业发展有限公司	2018.07.16	1.83 年
一种农业灌溉系统	CN208540535U	乳源瑶族自治县一峰农业发展有限公司	2018.07.16	1.83 年
一种农业喷灌机	CN208956602U	乳源瑶族自治县一峰农业发展有限公司	2018.07.20	1.82 年
一种农业机械用打药机	CN208783620U	乳源瑶族自治县一峰农业发展有限公司	2018.07.18	1.82 年

（续）

专利标题	公开号	申请人	申请日	专利维持期
一种农业环境检测装置	CN208459382U	乳源瑶族自治县一峰农业发展有限公司	2018.07.17	1.82 年
一种农业用水检测装置	CN208860837U	乳源瑶族自治县一峰农业发展有限公司	2018.07.27	1.80 年
一种农业用防虫隔离网	CN208754836U	乳源瑶族自治县一峰农业发展有限公司	2018.07.26	1.80 年
一种饲养装置	CN209105942U	乳源瑶族自治县利源农业科技有限公司	2018.09.30	1.62 年
一种植物施肥浇水装置	CN209105643U	乳源瑶族自治县利源农业科技有限公司	2018.09.30	1.62 年
一种设有定时喂食的养殖场	CN208972317U	乳源瑶族自治县利源农业科技有限公司	2018.09.30	1.62 年
一种自动施肥浇水车	CN208972230U	乳源瑶族自治县利源农业科技有限公司	2018.09.30	1.62 年
一种农田自动抽水灌溉车	CN208972229U	乳源瑶族自治县利源农业科技有限公司	2018.09.30	1.62 年
一种简易的烟叶定量淋施手持装置	CN209047178U	广东省烟草南雄科学研究所	2018.11.06	1.52 年
一种可调节的烟叶定量淋施手持装置	CN209047170U	广东省烟草南雄科学研究所	2018.11.06	1.52 年
一种具有无人机的巡逻驱赶装置	CN207748022U	陈军瑞	2017.12.04	0.71 年
一种身份识别巡逻无人机	CN207748021U	陈军瑞	2017.12.04	0.71 年
一种具有无人机的巡逻装置	CN207617964U	陈军瑞	2017.12.04	0.62 年
超声波搅拌喷灌机	CN205695213U	广东丹霞农机有限公司	2016.04.21	0.59 年
一种喷灌机的喷杆结构	CN205695212U	广东丹霞农机有限公司	2016.04.21	0.59 年
一种智能化田园喷灌机	CN205695211U	广东丹霞农机有限公司	2016.04.21	0.59 年
一种多功能田园喷灌机	CN205694767U	广东丹霞农机有限公司	2016.04.21	0.59 年
一种户外自动化喷灌机	CN205694766U	广东丹霞农机有限公司	2016.04.21	0.59 年
一种智能化收割机	CN205694301U	广东丹霞农机有限公司	2016.04.21	0.59 年
多功能智能化履带收割机	CN105850349A	广东丹霞农机有限公司	2016.04.21	0.40 年
一种乌塌菜的选育及繁殖方法	CN106258941A	韶关学院	2016.09.21	0.36 年

表 8 - 4　授权专利权利维持期统计表

单位：件

授权专利维持年限	5 年以上	3～5 年	1～3 年	不足 1 年	合计
专利数量	5	3	40	8	56

专利权有效期维持在 5 年以上的专利申请有 5 件，专利权人均为韶关学院。截至检索日，专利授权后维持年限不足 1 年、1～3 年、3～5 年及 5 年以上的各类型专利数量占比如图 8-3 所示。

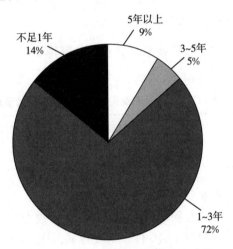

图 8 - 3　授权专利维持年限占比示意

第9章 广东省及韶关市现代农业关键技术组成专利分析

9.1 广东省及韶关市关键技术专利数据统计

9.1.1 农业实时监控技术专利数据

广东省涉及农业实时监控技术领域专利申请共 4 393 件，具体专利情况见表 9-1。

表 9-1 广东省涉及农业实时监控技术专利数量统计

类别	申请量（件）	授权量（件）	授权比例（%）	有效量（件）	有效比例（%）
数量	4 393	2 255	51.3	1 670	38.0

目前广东省涉及农业实时监控技术专利申请量共 4 393 件，其中发明专利申请 2 669 件，实用新型专利申请 1 724 件；总授权专利 2 255 件，授权比例 51.3%；维持有效的专利有 1 670 件，有效专利占比 38.0%。已经公开的正在审查中的专利数量为 1 584 件，占申请量的 36.1%。

目前韶关市涉及农业实时监控技术专利申请量共 26 件，其中发明专利申请 12 件，实用新型专利申请 14 件；总授权专利 14 件，授权比例为 53.8%，高出全省平均值 2.5 个百分点；维持有效的专利有 10 件，有效专利占比 38.5%。已经公开的正在审查中的专利数量为 7 件，占申请量的 26.9%。具体专利情况见表 9-2。

表 9-2 韶关市涉及农业实时监控技术专利数量统计

类别	申请量（件）	授权量（件）	授权比例（%）	有效量（件）	有效比例（%）
数量	26	14	53.9	10	38.5

对比广东省数据可见，韶关市农业实时监控技术专利授权比例高于全省平均水平，维持有效专利数量比例略高于全省平均水平，表明韶关市在农业实时监控技术领域具有一定的技术力量积累，具有相关技术的研发能力和基础，但申请总量偏少，表明对专利的技术挖掘不够充分，没有形成强有力的专利组合

和专利群,对农业实时监控相关技术的保护力度还不够充分,具有可以挖掘的潜力。

9.1.2　农业可变速率技术专利数据

广东省涉及农业可变速率技术专利申请量共 1 357 件,具体专利情况见表 9 - 3。

表 9 - 3　广东省涉及农业可变速率技术专利数量统计

类别	申请量（件）	授权量（件）	授权比例（%）	有效量（件）	有效比例（%）
数量	1 357	775	57.1	643	47.4

目前广东省涉及农业可变速率技术专利申请量共 1 357 件,其中发明专利申请 582 件,实用新型专利申请 775 件;总授权专利 775 件,授权比例 57.1%;维持有效的专利有 643 件,有效专利占比 47.4%。已经公开的正在审查中的专利数量为 359 件,占申请量的 26.5%。

目前韶关市涉及农业可变速率技术专利申请量 29 件,其中发明专利申请 7 件,实用新型专利申请 22 件;总授权专利有 22 件,授权比例为 75.9%,高出全省平均值 18.8 个百分点;维持有效的专利有 12 件,有效专利占比 41.4%。已经公开的正在审查中的专利数量为 4 件。具体专利情况见表 9 - 4。

表 9 - 4　韶关市涉及农业可变速率技术专利数量统计

类别	申请量（件）	授权量（件）	授权比例（%）	有效量（件）	有效比例（%）
数量	29	22	75.9	12	41.4

对比全省数据可见,韶关市农业可变速率技术专利授权比例高于全省平均水平,维持有效专利数量比例略低于全省平均水平。从不同类型的专利申请数量来看,韶关市该技术领域的专利申请类型偏重于实用新型专利,表明韶关市在农业可变速率技术领域具有一定的技术力量积累,且相较于基础研究更偏重于技术应用。从专利申请总量来看,目前对技术挖掘不够充分,没有形成强有力的专利群,可进一步进行技术挖掘。

9.1.3　农业图像识别技术专利数据

广东省涉及农业图像识别技术专利申请量共 1 013 件,具体专利情况见表 9 - 5。

表 9-5　广东省涉及农业图像识别技术专利数量统计

类别	申请量（件）	授权量（件）	授权比例（%）	有效量（件）	有效比例（%）
数量	1 013	336	33.2	278	27.4

目前广东省涉及农业图像识别技术授权专利申请量共 336 件，授权比例 33.2%；维持有效的专利有 278 件，有效专利占比 27.4%。已经公开的正在审查中的专利数量为 561 件，占申请量的 55.4%。

目前韶关市涉及农业图像识别技术专利申请 2 件（均为发明专利申请），无获授权专利，已经公开的正在审查中的专利数量为 2 件。对比全省数据可见，韶关市农业图像识别技术专利申请总量偏少，没有形成规模。具体专利情况见表 9-6。

表 9-6　韶关市涉及农业图像识别技术专利数量统计

类别	申请量（件）	授权量（件）	授权比例（%）	有效量（件）	有效比例（%）
数量	2	0	—	0	—

9.1.4　农业无人机（植保无人机）应用技术专利数据

广东省涉及农业无人机（植保无人机）应用技术专利申请量共 933 件，具体专利情况见表 9-7。

表 9-7　广东省涉及农业无人机（植保无人机）应用技术专利数量统计

类别	申请量（件）	授权量（件）	授权比例（%）	有效量（件）	有效比例（%）
数量	933	500	53.6	399	42.8

目前广东省涉及农业无人机（植保无人机）应用技术授权专利共 500 件，授权比例为 53.6%；维持有效的专利有 399 件，有效专利占比 42.8%。已经公开的正在审查中的专利数量为 385 件，占总申请量的 41.3%。

目前韶关市涉及农业无人机（植保无人机）应用技术授权专利申请 2 件，维持有效的专利有 2 件，有效专利占比 100%，表明韶关市申请人在农业无人机（植保无人机）应用技术领域专利布局较少，没有形成规模。具体专利情况见表 9-8。

表 9-8　韶关市农业无人机（植保无人机）应用技术专利数量统计

类别	申请量（件）	授权量（件）	授权比例（%）	有效量（件）	有效比例（%）
数量	2	2	100	2	100

9.1.5　农产品质量安全及管理溯源技术专利数据

广东省涉及农产品质量安全及管理溯源技术申请量共 380 件，具体专利情况见表 9-9。

表 9-9　广东省农产品质量安全及管理溯源技术专利数量统计

类别	申请量（件）	授权量（件）	授权比例（%）	有效量（件）	有效比例（%）
数量	380	124	32.6	91	23.9

目前广东省农产品质量安全及管理溯源技术授权专利申请量共 124 件，授权比例为 32.6%。已经公开的正在审查中的专利数量为 175 件，占总申请量的 46.1%。

目前广东省韶关市无涉及农产品质量安全及管理溯源技术授权专利。

9.2　广东省现代农业技术发展趋势分析

9.2.1　农业实时监控技术的发展趋势

如图 9-1 所示为近 20 年广东省涉及农业实时监控技术专利申请量数据。图中显示，广东省与现代农业有关的技术在近 20 年呈逐步上扬的发展趋势，尤其是近 5 年来有关技术快速发展，在短时间内积累了较大的申请量。

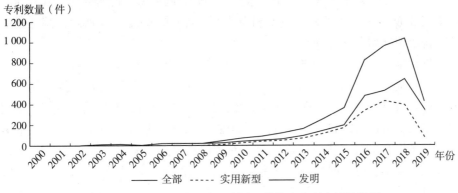

图 9-1　近 20 年广东省农业实时监控技术专利申请量数据

如图 9-2 所示为近 20 年广东省农业实时监控技术专利增长态势。近 20 年中申请总量经历了较大的波动，在 2005 年前后专利申请总量不足的情况下，个别年份数量出现了猛增。

图 9-2 显示，2011 年以后专利申请量的增长趋势趋于平稳，年申请数量增

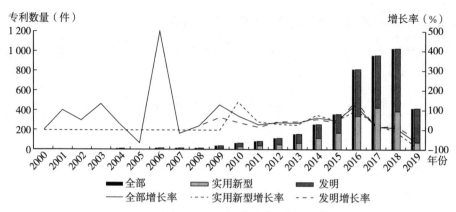

图9-2 近20年广东省农业实时监控技术专利增长态势分析

长率在50%左右波动并有扩大趋势。2016年专利申请量增长率达到125.97%，发明专利申请数量增长率接近150%，表明农业实时监控技术领域原始创新能力得到加强。由于专利公布周期等因素的影响，目前检索到的数据不能完全反映2017—2019年的申请量，但从现有数据来看虽然2017—2018年专利申请总量增长幅度有所回落，已经公开的发明专利申请数量依然保持上升态势。

近20年广东省农业实时监控技术的前10名专利申请人分别是华南农业大学、华南理工大学、深圳市大疆创新科技有限公司、仲恺农业工程学院、广东海洋大学、中国烟草总公司广东省公司、佛山科学技术学院、深圳前海弘稼科技有限公司、广东工业大学、中国水产科学研究院南海水产研究所，其专利申请年度数据如图9-3所示，其专利申请人排名分析如图9-4所示，其专利申请人构成情况如图9-5所示。

排在申请量第一位的华南农业大学在该领域内专利申请总量和增长量均具有明显的优势。华南农业大学在2006年到2010年的5年间处于技术起步阶段。此阶段华南农业大学在农业实时监控技术领域进行专利申请，每年保持相对稳定的申请量。2011—2015年是华南农业大学农业实时监控技术专利申请量的稳步提升阶段，这一阶段内年度专利申请量逐步攀升。2016—2019年是华南农业大学农业实时监控技术专利迅速增长的阶段，尤其在2016年，其农业实时监控技术专利申请量实现了翻番。华南理工大学在该领域的专利申请量自2010年起呈逐年稳步增长的态势，且未来持续增长的趋势明显。

从目前公开的专利数据来看，深圳市大疆创新科技有限公司在农业实时监控技术领域的专利申请总量位列广东省前3名。深圳市大疆创新科技有限公司是全球领先的无人飞行器控制系统及无人机解决方案的研发和生产商，客户遍布全球100多个国家。深圳市大疆创新科技有限公司是广东省内农业实时监控

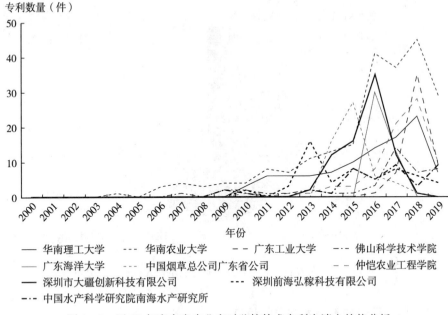

图 9-3　近 20 年广东省农业实时监控技术专利申请人趋势分析

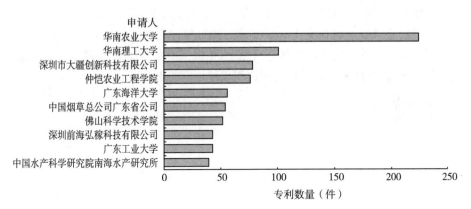

图 9-4　近 20 年广东省农业实时监控技术专利申请人排名分析

技术领域专利申请量最多的企业单位，其专利申请大部分为发明专利，且进行了充分的全球专利布局。深圳市大疆创新科技有限公司在农业实时监控技术领域专利申请量自 2013 年的 2 件开始，在短时间内就有了较快增长，截至 2016 年其年专利申请量已达到 35 件。虽然由于发明专利的延期公开使近三年的申请量数据或不能完全反映企业在有关技术上的真实实力，但从其专利申请质量和增长趋势来看，深圳市大疆创新科技有限公司在农业实时监控技术领域的实力不容忽视。

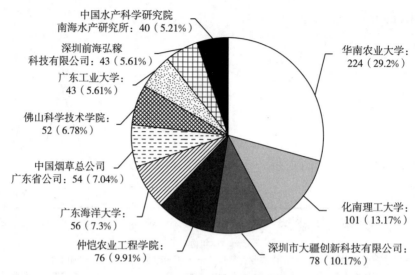

图 9-5　广东省农业实时监控技术专利申请人构成情况分析

9.2.2　农业可变速率技术的发展趋势

如图 9-6 所示为近 20 年广东省农业可变速率技术专利申请量数据。图中显示广东省农业可变速率有关技术在 2000—2008 年没有明显的发展，但在近 10 年中呈现出上升的发展趋势，尤其是自 2015 年以来有关技术快速发展，年申请量增长数量超过 50 件，并在较短时间内积累起一定的申请量。

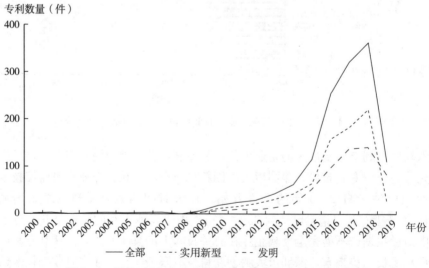

图 9-6　近 20 年广东省农业可变速率技术专利申请量数据

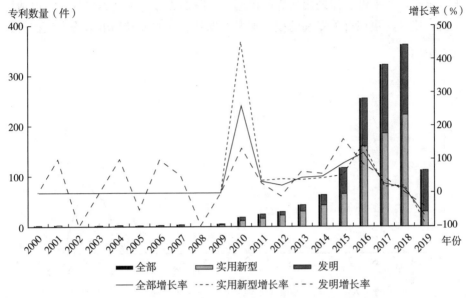

图 9-7　近 20 年广东省农业可变速率技术专利增长态势分析

如图 9-7 所示为近 20 年广东省农业可变速率技术专利增长态势分析。图中显示近 20 年中申请总量增长态势经历了较大的波动，在 2000—2009 年专利申请总量不足，偶有个别申请人提出相关发明专利申请，有关技术未达到熟化和广泛应用的阶段。

自 2010 年起，专利申请量突增并保持持续增长的态势。总体来看，实用新型专利申请的数量大于发明专利申请的数量。在近 10 年中，发明专利的申请量在 2015 年获得较大增长，发明专利的增长率超过 150%。由于发明专利的延期公开，目前检索到的数据不能完全反映 2017—2019 年的申请量，但从现有数据来看，2017 年发明专利申请量已经超过 100 件，表明农业可变速率技术领域创新能力得到加强。2016 年实用新型专利的增长率最高，接近 150%，2016 年实用新型专利的申请总量超过 150 件。专利申请量的增大也表明随着有关技术的不断成熟，农业可变速率技术中的应用型技术不断被催生。

近 20 年广东省农业可变速率技术的前 10 位专利申请人分别是华南农业大学、深圳市芭田生态工程股份有限公司、余启佳、岭南师范学院、华南理工大学、广东工业大学、深圳前海弘稼科技有限公司、东莞一翔液体肥料有限公司、广州大学、深圳春沐源控股有限公司。排名前 10 位的申请人在 2010 年之前在该领域均没有相关专利申请，表明农业可变速率技术相关的技术研发活动活跃在近 10 年间。前 10 位专利申请人其专利申请年度数据如图 9-8 所示。通过对专利申请人趋势分析图进行研究，发现自然人余启佳的专利申请在某些年份畸高，似乎没有体现出研究的延续性，跟踪查阅有关文本发现相关申请均无实质技术，跟踪有关专利的授权情况发现其名下相关专利申请均未获授权。

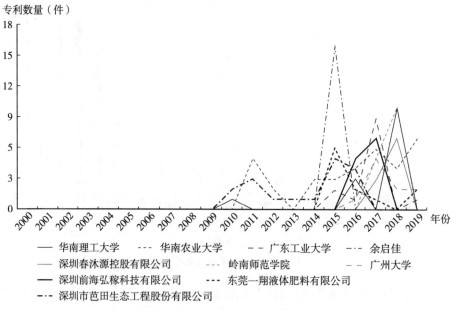

图 9-8　近 20 年广东省农业可变速率技术专利申请人趋势分析

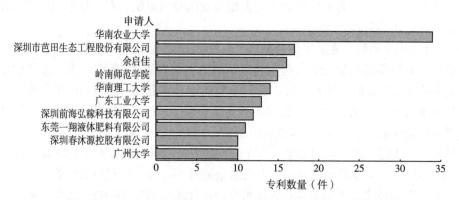

图 9-9　近 20 年广东省农业可变速率技术专利申请人排名分析

　　如图 9-9 所示为近 20 年广东省涉及农业可变速率技术专利申请人排名分析，如图 9-10 所示为广东省农业可变速率技术专利申请人构成情况分析。排在申请量第一位的华南农业大学在该领域内专利申请总量和增长量均具有明显的优势。华南农业大学自 2011 年开始申请相关专利，后持续进行有关技术的开发和专利申请。深圳市芭田生态工程股份有限公司在农业可变速率技术领域的专利申请总量位列广东省第二名，深圳市芭田生态工程股份有限公司（芭田股份 002170）是一家集科研、生产、销售于一体，以生产复合肥、控释肥、绿色生态肥为主业，开发利用工农业废弃物，变废为肥的环保型高新技术企业、国家科技创新型星火龙头企业。该公司是广东省内农业可变速率技术领域专利申请量最多的企业，其自 2010 年开始就进行有关专利的申请，目前持有授权有效专利 11 件，有 5 件发明专利处于实质审查中。

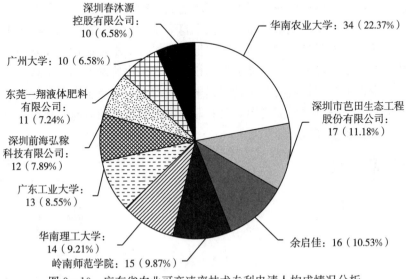

图 9-10 广东省农业可变速率技术专利申请人构成情况分析

9.2.3 农业图像识别技术的发展趋势

如图 9-11 所示为近 20 年广东省农业图像识别技术专利申请量数据。图

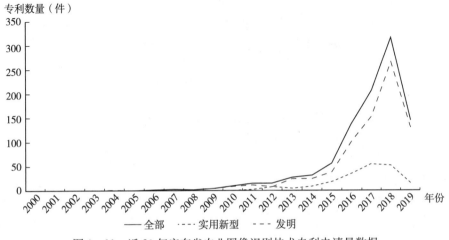

图 9-11 近 20 年广东省农业图像识别技术专利申请量数据

中显示广东省与现代农业中农业图像识别技术有关的专利申请量在近 20 年中呈现前期发展缓慢、后期逐步上扬的发展趋势，有关技术在近五年中初步积累了一定的专利申请量，但总量仍显不足，具有较大的上升空间。

如图 9 - 12 所示为近 20 年广东省农业图像识别技术专利增长态势分析。图 9 - 12 中显示近 20 年中申请总量持续经历较大波动，这是由于申请总量偏少，使申请数量的增加或减少对增长率所造成的影响被夸大。从图 9 - 15 中可以看到有关实用新型专利申请量的增长率自 2014 年开始逐步下滑，但自 2015 年以来有关专利尤其是发明专利申请数量稳步提升，不考虑近 3 年发明专利未公开情况对数据的影响，已经能够看到相关技术呈快速发展的态势。一方面这与农业图像识别技术领域有关申请人越来越注重专利的质量而非授权的数量有一定的关系，另一方面也能看出有关农业图像识别技术的研发，还有大量的基础性工作正在逐步推进。

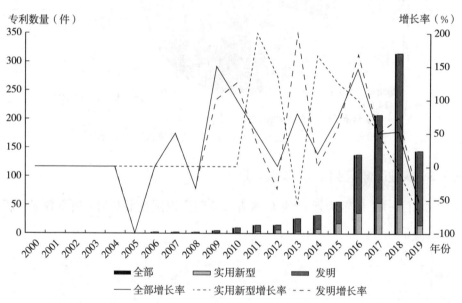

图 9 - 12　近 20 年广东省农业图像识别技术专利增长态势分析

近 20 年广东省农业图像识别技术的前 10 位专利申请人分别是华南农业大学、仲恺农业工程学院、深圳春沐源控股有限公司、深圳前海弘稼科技有限公司、华南理工大学、平安科技（深圳）有限公司、广州极飞科技有限公司、广东工业大学、广州地理研究所、佛山科学技术学院，其专利申请年度数据如图 9 - 13 所示。

如图 9 - 14 所示为近 20 年广东省农业图像识别技术专利申请人排名分析，如图 9 - 15 所示为近 20 年广东省农业图像识别技术专利申请人构成情况分析。

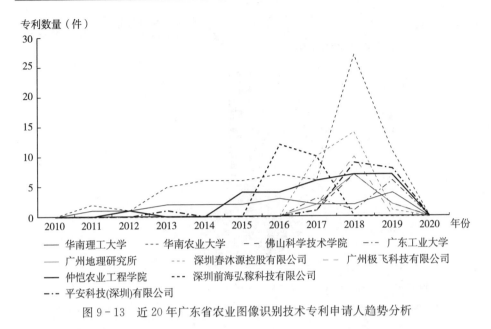

图 9-13　近 20 年广东省农业图像识别技术专利申请人趋势分析

排在申请量第一位的华南农业大学在该领域内专利申请总量和增长量均具有明显的优势，华南农业大学的中国工程院院士罗锡文教授团队、国家"千人计划"特聘专家兰玉彬教授团队在农业图像识别技术领域具有较强的研究力量和重要的成果积累。自 2011 年起，华南农业大学在农业图像识别技术领域就持续有专利申请，2013—2017 年申请量保持稳定，2018 年更是增加迅速。仲恺农业工程学院自 2012 年起在农业图像识别技术领域也进行了一定量的专利申请，且申请量逐年增加。深圳春沐源控股有限公司在农业图像识别技术领域的专利申请总量位列广东省前 3 位，也是广东省内农业图像识别技术领域专利申请量最多的企业单位。

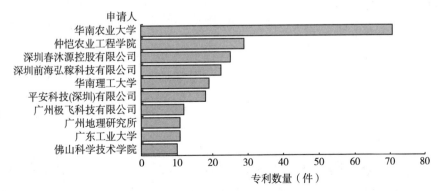

图 9-14　近 20 年广东省农业图像识别技术专利申请人排名分析

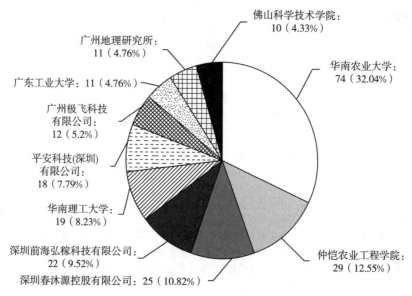

图 9-15　近 20 年广东省农业图像识别技术专利申请人构成情况分析

9.2.4　农业无人机（植保无人机）应用技术的发展趋势

图 9-16 为近 20 年广东省农业无人机（植保无人机）应用技术专利申请量数据。图中显示出广东省与现代农业有关技术在近 10 年内起步并呈迅速上扬的发展趋势，近五年来有关技术快速发展，有关研究获得了较多关注。实用新型专利和发明专利的申请数量同步增加，表明农业无人机（植保无人机）相

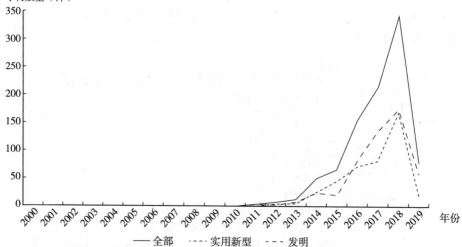

图 9-16　近 20 年广东省农业无人机（植保无人机）应用技术专利申请量数据

关基础研究和应用研究都获得了进展。

如图 9 - 17 所示为近 20 年广东省农业无人机（植保无人机）应用技术专利增长态势分析。图 9 - 18 中显示近 20 年中的前 10 年在该领域没有进行有关专利申请的记录，近 10 年该领域的申请总量增长态势才出现震荡上扬的态势，2014 年、2016 年均有较大的增幅。

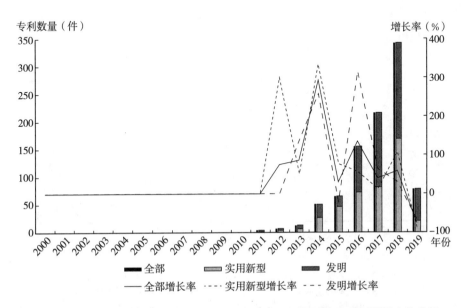

图 9 - 17 近 20 年广东省农业无人机（植保无人机）应用技术专利增长态势分析

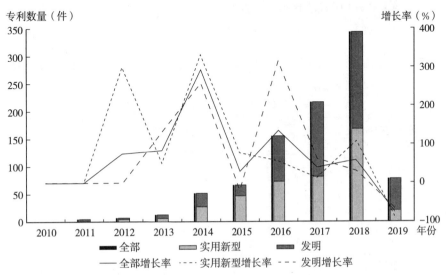

图 9 - 18 近 10 年广东省农业无人机（植保无人机）应用技术专利增长态势分析

近20年广东省内农业无人机（植保无人机）应用技术的前10位专利申请人分别是华南农业大学、广州极飞科技有限公司、深圳市大疆创新科技有限公司、清远市巨劲科技有限公司、佛山市神风航空科技有限公司、广东莱盛隆电子股份有限公司、仲恺农业工程学院、广州市华科尔科技股份有限公司、深圳高科新农技术有限公司、珠海羽人农业航空有限公司，其专利申请年度数据如图9-19所示。

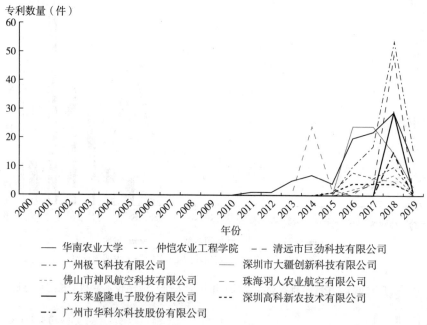

图9-19 近20年广东省农业无人机（植保无人机）应用技术专利申请人趋势分析

图9-20为近20年广东省农业无人机（植保无人机）应用技术专利申请

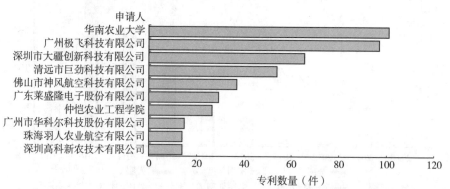

图9-20 近20年广东省农业无人机（植保无人机）应用技术专利申请人排名分析

人排名分析，图9-21为近20年广东省农业无人机（植保无人机）应用技术专利申请人构成情况分析。农业无人机（植保无人机）专利申请量前10位的申请人中除了排在申请量第一位的华南农业大学和排在申请量第七位的仲恺农业工程学院，其余申请人均为企业单位。表明在农业无人机（植保无人机）领域企业的积极性已经被调动起来，有关研究已经与市场有了较深度的结合，技术的应用前景比较看好。

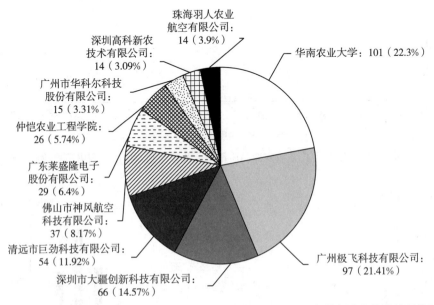

图9-21　近20年广东省农业无人机（植保无人机）应用技术专利申请人构成情况分析

9.2.5　农产品质量安全及管理溯源技术的发展趋势

如图9-22所示为近20年广东省农产品质量安全及管理溯源技术专利申请量数据。图9-22中显示广东省与现代农业中农产品质量安全及管理溯源技术有关的专利申请逐步增多，2000—2007年，专利申请偶有出现，并没有明显的数量增长。2008—2013年，相关专利出现了增长趋势，且实用新型专利的申请数量开始增加。2014—2017年，专利申请数量开始大幅增加，尤其是发明专利的申请量获得了较快速的增长。

如图9-23所示为近20年广东省农产品质量安全及管理溯源技术专利增长态势分析。图9-23中显示近20年中申请总量增长态势经历了一定的波动，自2011年波动趋于平稳，年增长率开始维持在50%左右。2011年实用新型专利申请数量出现了较大增幅，2012年又有所回落。从图9-23中可见有关专利的绝对数量并不高（2016年农产品质量安全及管理溯源技术领域的实用新

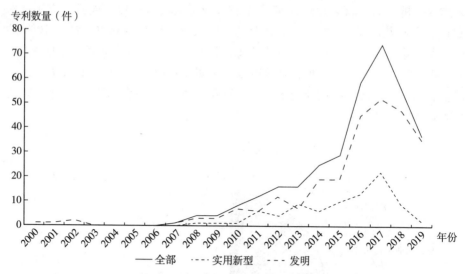

图 9-22 近 20 年广东省农产品质量安全及管理溯源技术专利申请量数据

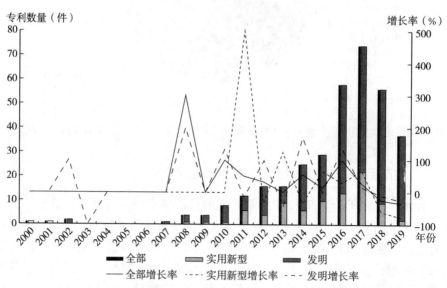

图 9-23 近 20 年广东省农产品质量安全及管理溯源技术专利增长态势分析

型申请量首次突破 10 件，发明专利申请量首次突破 40 件），有关技术还具有较大的发展潜力。

近 20 年广东省内农产品质量安全及管理溯源技术的前 10 位专利申请人分别是仲恺农业工程学院、华南理工大学、华南农业大学、深圳市深信信息技术有限公司、深圳市检验检疫科学研究院、广州中国科学院软件应用技术研究所、广州唐发信息科技有限公司、广州大气候农业科技有限公司、深圳春沐源控股有限公司、广东工业大学，其专利申请年度数据如图9-24所示。

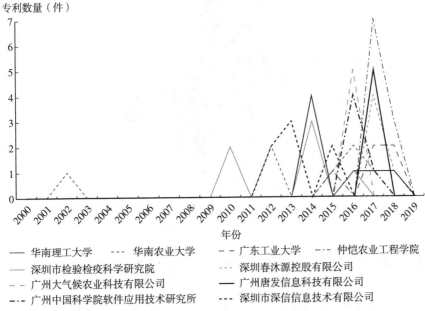

图9-24　近20年广东省涉及农产品质量安全及管理溯源技术专利申请人趋势分析

图9-25为近20年广东省农产品质量安全及管理溯源技术专利申请人排名分析，图9-26为近20年广东省农产品质量安全及管理溯源技术专利申请人构成情况分析。由于该领域专利申请总量不大，排名前10位的申请人所申请的专利数量均不多。排在申请量第一位的仲恺农业工程学院在该领域内专利申请总量也仅为11件。各相关企业所申请的有关专利数量均未超过10件。

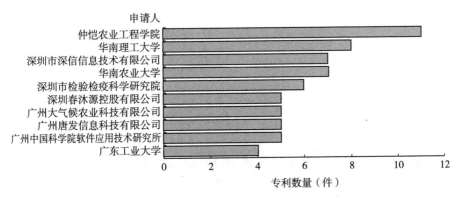

图9-25　近20年广东省涉及农产品质量安全及管理溯源技术专利申请人排名分析

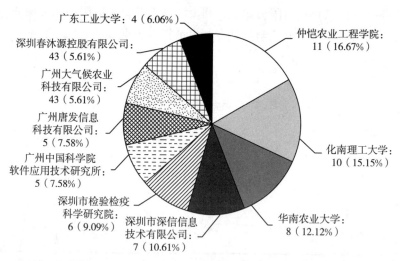

图 9-26　近 20 年来广东省涉及农产品质量安全及管理溯源技术专利申请人构成情况分析

9.3　韶关市现代农业技术发展趋势分析

韶关市在现代农业技术的多个细分领域具有一定数量的专利申请，但细分之后有的领域总量偏小，不便于进行统计和分析。现以农业实时监控技术领域和农业可变速率技术领域为例，对韶关市现代农业技术发展趋势进行简要的分析。

9.3.1　韶关市农业实时监控技术的发展趋势

如图 9-27 所示为近 20 年韶关市农业实时监控技术专利申请量数据。由

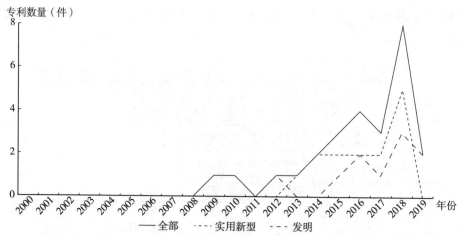

图 9-27　近 20 年韶关市农业实时监控技术专利申请量数据

图可见，韶关市在农业实时监控技术领域具有 26 件专利申请。这些专利集中申请于近 10 年，其中包括发明专利申请 12 件，实用新型专利申请 14 件（图 9-28），表明韶关市的申请人近年来在该领域的专利申请活动逐渐活跃（图 9-29）。

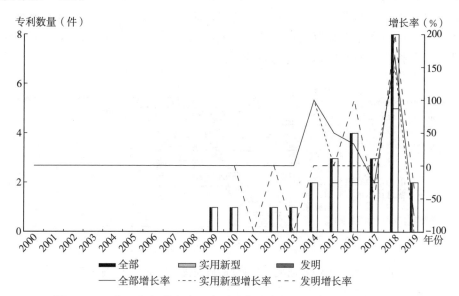

图 9-28 近 20 年韶关市农业实时监控技术专利申请量增长态势分析

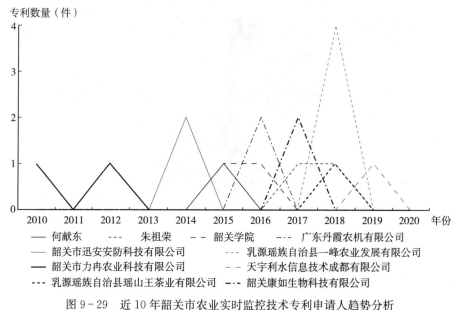

图 9-29 近 10 年韶关市农业实时监控技术专利申请人趋势分析

如图 9-30 所示，与广东省全省范围内高校科研院所占主导地位不同的是，韶关市的企业在上述专利的申请中发挥了主导作用。乳源瑶族自治县一峰农业发展有限公司、广东丹霞农机有限公司、朱祖荣、韶关学院、韶关市力冉农业科技有限公司、韶关市迅安安防科技有限公司、韶关康如生物科技有限公司、乳源瑶族自治县瑶山王茶业有限公司、何献东、天宇利水信息技术成都有限公司等单位和个人都有进行相关专利的申请。图 9-31 为近 10 年韵关市农业实时监控技术专利申请人构成分析。

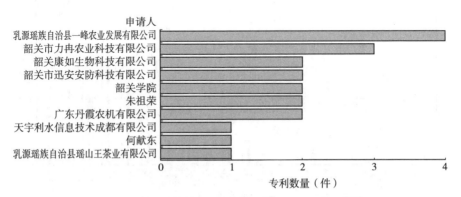

图 9-30　近 10 年韶关市农业实时监控技术专利申请人排名分析

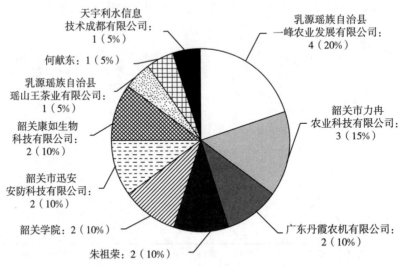

图 9-31　近 10 年韶关市农业实时监控技术专利申请人构成分析

9.3.2　韶关市涉及农业可变速率技术的发展趋势

由图可见近 20 年韶关市在农业可变速率技术领域具有 29 件专利申请

（图 9 - 32）。这些专利申请集中申请于近 7 年，其中包括发明专利申请 7 件，实用新型专利申请 22 件（图 9 - 33），表明韶关市的申请人近年来在该领域的专利申请活动逐渐活跃（图 9 - 34）。

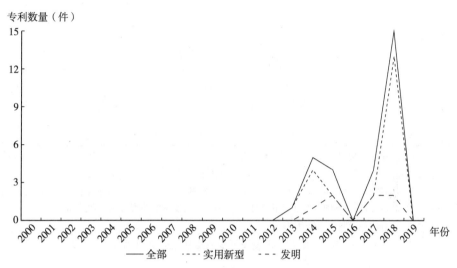

图 9 - 32　近 20 年韶关市农业可变速率技术专利申请量数据

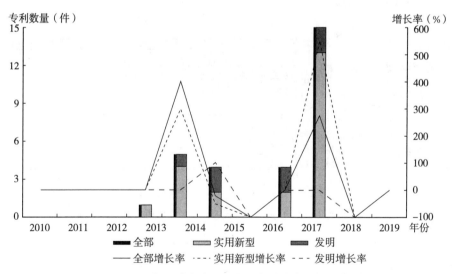

图 9 - 33　近 10 年韶关市农业可变速率技术专利增长态势分析

在该技术领域，韶关市邓爱娜、乳源瑶族自治县一峰农业发展有限公司、江惠贤、乳源瑶族自治县利源农业科技有限公司、广东全美花卉科技有限公司、林庆、广东南华置业有限公司、广东天适樱花悠乐园有限公司、广州天适

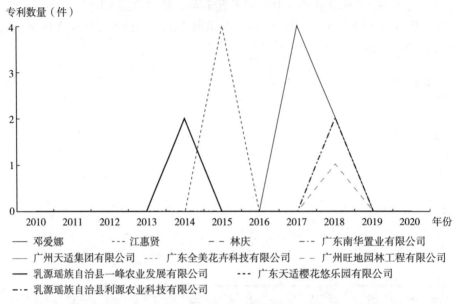

图 9-34 近 10 年韶关市农业可变速率技术专利申请人趋势分析

集团有限公司、广州旺地园林工程有限公司等个人或者企事业单位进行了有关专利申请（图 9-35）。

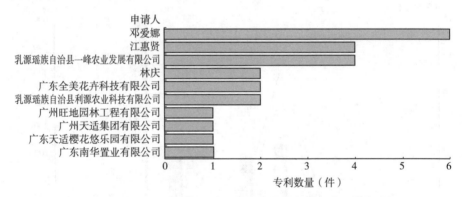

图 9-35 近 10 年韶关市农业可变速率技术专利申请人排名分析

9.4 区域排名分析

区域排名分析主要以广东省内各个地级市的专利总体数据为依据，先对区域内各地区的专利申请总量和排名的情况进行介绍，再选取部分研究样本对现代农业领域相关技术的专利布局进行分析。样本的选择，主要从总体综合实力

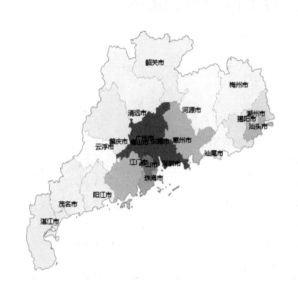

排名	区域	总申请量（件）
1	区域	1 433 695
2	广州	784 472
3	佛山	512 794
4	东莞	506 339
5	中山	270 486
6	珠海	159 283
7	惠州	127 387
8	汕头	120 227
9	江门	116 975
10	潮州	49 178
11	揭阳	36 618
12	湛江	31 380
13	肇庆	31 130
14	韶关	26 209
15	阳江	23 199
16	茂名	22 295
17	清远	19 954
18	梅州	19 559
19	河源	15 419
20	汕尾	13 535
21	云浮	9 191

图 9 - 36　广东省总体专利申请量区域分布

和农业产业的发展实力在省内的排名两个维度出发，再结合农业实时监控、农业可变速率技术、农产品质量安全、防伪和产地溯源五个主要技术方向进行选择。对所选择的八个样本进行专利申请量的排名分析，目的是在全省范围内找到当前韶关市在总体的专利申请布局排名中的位置区间，并且明晰韶关市在现代农业领域技术专利化保护的现状，分析与优势地区存在差异的原因，以期在现代农业产业的相关领域内进行科研技术的专利化保护、实施专利技术生产实践具体应用时，寻找到可供选择的方法及可努力的方向。

结合报告的前期分析结果，可以看到在本书重点关注的五个技术方向上，创新主体和专利申请人主要有高校科研院所和企业两类，因此这两类主体是需要关注的重点。除了专利的申请量外，有效专利的维持也非常重要，通常情况下，专利权人对于价值更高的专利维持的时间相对更长。透过广东省近 5 年前10 位的企业申请人和高校申请人保有的专利有效量数据信息，可以反映出他们的科研和创新实力，分析结果见表 9 - 10、表 9 - 11。正是因为这些高质量的科研主体的聚集性分布，高校或者企业的所在地区才可以在专利申请总量的榜单上名列前茅。榜单前 10 位的地区，无一例外都是拥有高校科研院所或者高新技术企业的区域。任何地区的产业发展与进步都离不开科技，专利化是保护技术的有效手段，但是技术的升级和专利的产出，离开了优质的创新主体便会成为无源之水。因此大力扶持高校和有潜质的企业的成长，是推动本地区产业可持续发展和经济持续增长的根本性方法。

表9-10 广东省近5年企业专利有效量排名

单位：件

排名	企业/机构	专利有效量
1	珠海格力电器股份有限公司	15 648
2	美的集团股份有限公司	12 817
3	广东美的制冷设备有限公司	6 395
4	佛山市顺德区美的电热电器制造有限公司	5 379
5	广东电网有限责任公司	5 316
6	OPPO广东移动通信有限公司	4 488
7	广州视源电子科技股份有限公司	3 298
8	比亚迪股份有限公司	2 995
9	维沃移动通信有限公司	2 987
10	广东欧珀移动通信有限公司	2 652

表9-11 广东省近5年高校专利有效量排名

单位：件

排名	企业/机构	专利有效量
1	华南理工大学	5 217
2	广东工业大学	2 985
3	佛山科学技术学院	1 873
4	东莞理工学院	1 747
5	五邑大学	1 328
6	深圳大学	1 111
7	岭南师范学院	1 068
8	中山大学	1 032
9	华南农业大学	1 024
10	广州大学	912

通过对广东省专利申请文献的国民经济产业专利总量分布情况分析，得到图9-37。从图上可以看到，制造业类别的专利在广东省的专利申请总量排名第一，占比为76.58%。排名第二到第五的是：居民服务、修理和其他服务业，信息传输、软件和信息技术服务业，电力、热力、燃气及水生产和供应业，建筑业及农、林、牧、渔业，占比分别为15.17%、5.12%、1.42%、1.17%、0.41%。可见，作为制造业强省的广东，在申请量上最具优势的产业

仍是制造业类别的专利，农、林、牧、渔业类占比份额非常小。如图9-38所示为韶关市总体专利申请量区域分布。

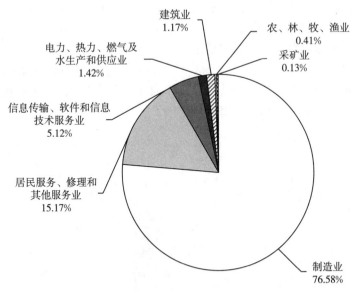

图9-37 广东省国民经济专业专利总量分布情况

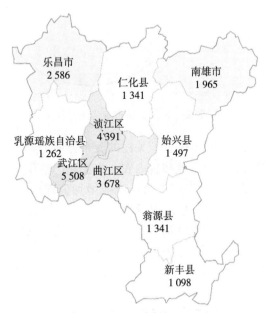

图9-38 韶关市总体专利申请量区域分布

通过对韶关市国民经济产业专利总量分布情况分析，如图9-39所示。从图上可以看到，制造业类别的专利在韶关市的专利申请总量排名第一，占比为86.53％。排名第二到第五的是：居民服务、修理和其他服务业，建筑业，电力、热力、燃气及水生产和供应业，农、林、牧、渔业，信息传输、软件和信息技术服务业，占比分别为8.21％、1.98％、1.21％、1.16％、0.49％。可见，相比广东省，韶关市专利申请量中制造业类别专利申请量是绝对主力并且占比更高，达到85％以上。农、林、牧、渔业类别专利申请量比例略高于全省数据，跟全省的情况相对保持一致。作为粤北农业大市的韶关市在大农业产业方向上的专利布局工作具有潜力可挖掘。

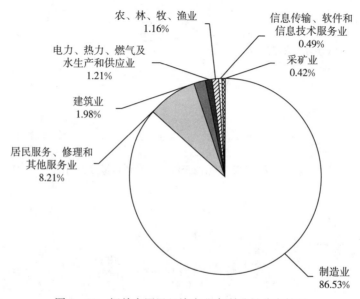

图9-39　韶关市国民经济产业专利总量分布情况

现代农业技术领域，在本书重点关注的五个方向上，选取了省内专利申请量靠前的广州、深圳、佛山三地和省内农业生产总产值靠前的湛江、茂名、肇庆、惠州（2018年第一季度广东省第一产业增加值前4位）四地，以及韶关市作为分析样本。从图9-40中可以看出，样本基本可以划分为三个梯队。第一梯队是经济、科研实力都非常强的广州、深圳，第二梯队是佛山，省内的农业强市都分布在第三梯队中。在第三梯队中做横向比较，韶关的排名也靠后，但是跟茂名、肇庆的差距并不大，迎头赶上的可能性是有的。

9.5　韶关市各细分技术的竞争力分析

现代农业技术领域，在本报告重点关注的五个方向上，韶关的专利申请布

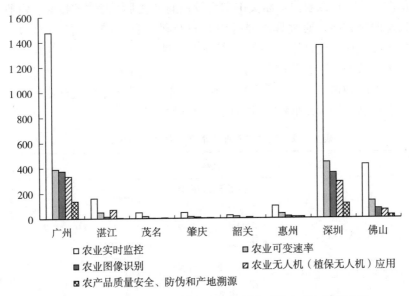

图 9-40　现代农业技术领域广东省内部分区域专利申请量示意

局总量低，合计（含发明专利与实用新型专利）共有专利申请 50 件。如图 9-41 所示。其中农业实时监控技术专利占比 42％，申请量 21 件；农业可变速率技术专利占比 32％，申请量为 16 件；农业图像识别技术专利 4％，申请量为 2 件；农业无人机（植保无人机）应用技术专利 22％，申请量为 11 件；农产品质量安全、防伪和产地溯源技术专利申请数量为 0 件。

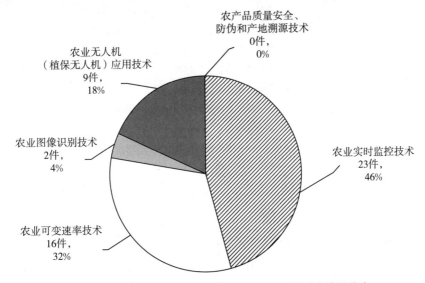

图 9-41　韶关市现代农业领域主要技术方向专利申请量分布

从图9-41可以看出，韶关市实力较强的是农业实时监控技术、农业可变速率技术两个方向，通过具体分析相关的专利（表9-12、表9-13）可知，有关技术在现代农业产业中主要应用到设施种植、大田种植和规模化养殖业上，跟本区域的实际农业产业情况是相符的。韶关市比较缺乏的是可以应用在农产品的设施种植产业、农产品精深加工产业、农业生态养殖产业、农业运输产业（农产品的保鲜及低耗运输方向）相关的技术。

表9-12 韶关市农业实时监控技术专利申请清单

申请号	申请日	专利标题	申请人	专利状态
CN201821279390.0	2018.08.08	一种用于林业野外监测设备的固定支架	黎传锋	有效
CN201821198414.X	2018.07.27	一种农业用水检测装置	乳源瑶族自治县一峰农业发展有限公司	有效
CN201821257822.8	2018.08.06	一种智能检测农业大棚	李婧	有效
CN201821133770.3	2018.07.18	一种农业机械用打药机	乳源瑶族自治县一峰农业发展有限公司	有效
CN201821187282.0	2018.07.26	一种农业用防虫隔离网	乳源瑶族自治县一峰农业发展有限公司	有效
CN201811521141.2	2018.12.12	一种园林大树白蚁的检测、诱集、灭杀方法	韶关市旺地樱花种植有限公司等	审查中
CN201821125126.1	2018.07.17	一种农业环境检测装置	乳源瑶族自治县一峰农业发展有限公司	有效
CN201811235795.9	2018.10.22	黑水虻种棚以及黑水虻育种方法	翁源惜福环保科技有限公司	审查中
CN201820807259.0	2018.05.29	一种新型农机用可调节洒水装置	张宇平	有效
CN201721370023.7	2017.10.24	一种培养液循环式无土栽培装置	韶关康如生物科技有限公司	有效
CN201721368563.1	2017.10.23	一种立柱式滴灌循环无土栽培装置	韶关康如生物科技有限公司	有效
CN201710531475.7	2017.07.03	一种穿山甲仿生态圈舍	广东南岭投资管理有限公司；广东东阳光药业有限公司	审查中
CN201630416883.4	2016.08.24	电子秤（肉植物）	张彩银	失效或无效
CN201630416865.6	2016.08.24	电子秤（鱼与水母）	张彩银	失效或无效
CN201630416622.2	2016.08.24	电子秤（树林）	张彩银	失效或无效

（续）

申请号	申请日	专利标题	申请人	专利状态
CN201620703777.9	2016.07.05	一种窗式遥控微电脑自动智能新风机	朱祖荣	有效
CN201630487651.8	2016.09.29	无人机远程监控查打一体机	张东彩	失效或无效
CN201610641773.7	2016.08.08	一种基于单片机控制技术的自动养花系统	黄家鑫	审查中
CN201521073847.9	2015.12.15	一种遥控微电脑自动智能空气交换机	朱祖荣	有效
CN201521086172.1	2015.12.22	一种微波平板烘干机	广东宝华农业科技股份有限公司	有效
CN201510518689.1	2015.08.21	一种全生态水产养殖系统	韶关市中都工业新技术开发有限公司	失效或无效

表 9-13 韶关市农业可变速率技术专利申请清单

申请号	申请日	专利标题	申请人	专利状态
CN201821257822.8	2018.08.06	一种智能检测农业大棚	李婧	有效
CN201821158962.X	2018.07.21	一种育苗盘	冯力	有效
CN201821008006.3	2018.06.28	一种园林土壤营养液添加装置	广东全美花卉科技有限公司	有效
CN201820879576.3	2018.06.07	一种智能化无人机农药喷洒装置	广东省翁源县茂源糖业有限公司	有效
CN201820578126.0	2018.04.23	带有机械臂的移动式智能浇灌装置	黄相锦	有效
CN201820807259.0	2018.05.29	一种新型农机用可调节洒水装置	张宇平	有效
CN201810807488.7	2018.07.21	育苗盘	冯力	失效或无效
CN201521073847.9	2015.12.15	一种遥控微电脑自动智能空气交换机	朱祖荣	有效
CN201510518689.1	2015.08.21	一种全生态水产养殖系统	韶关市中都工业新技术开发有限公司	失效或无效
CN201420656433.8	2014.11.06	一种具有全自动功能的培育棚	乳源瑶族自治县一峰农业发展有限公司	失效或无效

(续)

申请号	申请日	专利标题	申请人	专利状态
CN201320734285.2	2013.11.20	一种空调控制系统	黄志海	失效或无效
CN201220066523.2	2012.02.28	用于沉性鱼卵的全自动冲水式孵化桶	韶关市力冉农业科技有限公司	失效或无效
CN201220066495.4	2012.02.28	用于沉性鱼卵的全自动冲水式恒温孵化装置	韶关市力冉农业科技有限公司	失效或无效
CN201210046280.0	2012.02.28	一种用于沉性鱼卵的全自动冲水式恒温孵化系统、	韶关市力冉农业科技有限公司	失效或无效
CN201210046276.4	2012.02.28	一种用于沉性鱼卵的全自动冲水式孵化桶	韶关市力冉农业科技有限公司	失效或无效
CN200810027749.X	2008.04.24	太阳能热水器非自来水全自动补水系统	韶关市粤佳太阳能科技有限公司	有效

第10章　现代农业相关技术中国专利信息分析

10.1　农业实时监控技术专利信息分析

10.1.1　专利技术数据分布

2020 年年底，中国关于农业实时监控技术的专利申请量为 47 476 件，获得授权的专利 18 944 件，授权比例达 39.9%；获得授权仍然维持有效的专利有 16 148 件，有效专利占比 34.0%，见表 10-1。较高的授权比例反映了该领域技术创新性较高。

表 10-1　农业实时监控技术中国专利数量统计

类别	申请量（件）	授权量（件）	授权比例（%）	有效量（件）	有效比例（%）
数量	47 476	18 944	39.9	16 148	34.0

10.1.2　技术发展趋势分析

将中国专利按照申请年（Filing Year）统计，分析中国专利申请在近20 年的申请趋势情况。

从图 10-1 可以看到，农业实时监控技术在中国的专利申请从 2008 年之

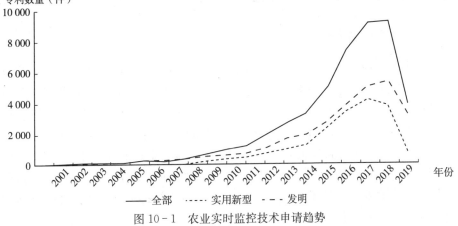

图 10-1　农业实时监控技术申请趋势

后快速增长。2001—2008 年，专利年度申请量较少且增长缓慢，处于起步阶段；2008 年之后专利申请量增长明显，2010 年专利申请量超过 1 000 件，其中发明专利年度申请量首次突破 600 件。到了 2013 年专利申请量超过 2 500 件，发明专利和实用新型专利申请量均超过 1 000 件。2014—2018 年，专利申请的增长势头强劲，年申请量的同比增长均达到 2 000 件。截至 2018 年，专利申请总量达到了 9 000 件以上。

10.1.3 主要技术来源国（地区）分析

申请人地域分析又称技术来源国（地区）分析，能反映在中国申请专利的专利技术来自哪些国家（地区）。对农业实时监控领域在中国（不含港澳台地区，下同）申请的专利按照收入来源税收管辖权统计，其技术来源国家（地区）分布情况见表 10 - 2。

由表 10 - 2 中可知，在农业实时监控领域，在中国申请的专利，来自中国（不含港澳台地区，下同）的有 43 231 件，占比 91.0%，占到绝大多数，排名第二到第五的分别是：美国 506 件、日本 188 件、德国 120 件和中国台湾地区 74 件。此外，以色列、荷兰也进入前 10 位的行列，说明这些国家和地区在现代农业产业实时监控领域的技术具有一定的水平，并且较为重视在中国大陆的技术保护。

表 10 - 2　主要技术来源国家（地区）分析

单位：件

技术来源国家（地区）	中国	美国	日本	德国	中国台湾	英国	以色列	瑞士	韩国	荷兰
申请量	43 231	506	188	120	74	64	54	50	48	47

注：表中中国不含港澳台地区，下同。

10.1.4 主要申请人分析

对中国农业实时监控技术专利申请的主要申请人按照申请量排序，列出排在前 20 位的申请人，如表 10 - 3 所示。从中可以看到，在中国内地申请的专利量排在前 20 位的全部为中国的高校科研院所，并且申请量都超过 100 件，其中有 10 所是以农业学科为特色和优势的高校，排名第一的是中国农业大学（509 件）。非农业类高校进入前 20 位的有江苏大学、浙江大学、吉林大学、昆明理工大学、济南大学、浙江海洋学院、山东理工大学。有 3 家科研院所，分别是北京农业信息技术研究中心、北京农业智能装备技术研究中心和中国农业科学院农业信息研究所。

表 10-3　农业实时监控技术中国专利申请人排名前 20

排名	单　　位	数量（件）
1	中国农业大学	509
2	江苏大学	423
3	浙江大学	407
4	西北农林科技大学	262
5	北京农业信息技术研究中心	245
6	华南农业大学	225
7	四川农业大学	220
8	南京农业大学	200
9	华中农业大学	183
10	山东农业大学	180
11	北京农业智能装备技术研究中心	176
12	吉林大学	134
13	中国农业科学院农业信息研究所	132
14	青岛农业大学	129
15	福建农林大学	116
16	昆明理工大学	115
17	济南大学	115
18	安徽农业大学	109
19	浙江海洋学院	107
20	山东理工大学	106

中国农业大学申请专利主要涉及技术点：涵盖了农产品的种植、养殖、加工、生产、检测及运输的各个环节。种植（大田及设施）环境下的耕地产能、土壤条件、作物长势、光环境条件、空气条件、气象灾害预警、病虫草害防控、水药肥的施用情况等的实时监测和监控；养殖（畜禽及水产）环境下空气或水体的含氧量、污染程度、清洁处理、循环利用方式、疾病控制、养殖对象成长关键期或关键参数的信息采集和监控；农产品的无损检测、质量测评及农产品加工过程中关键指标监测；农、牧、水产品的保活、冷链运输过程中的信息采集和监测调控；现代农用机械作业过程中的路径、作业方式、作用对象等实时作业条件的监测评估和即时调整。

江苏大学申请专利主要涉及技术点：种植（大田及设施）环境下的土壤条件监测，农作物营养水平快速无损测量和监测，农作物生长信息和关键参数的监测，空气质量数据的监测和调节，气象灾害预警；无人农用机械作业路径导航；农机作业效果及作业方式的监测评估；养殖业（畜禽及水产）动物生长关键参数和环境因子的数据采集和监控；农产品的储藏参数监控，农产品的质量、等级、新鲜度的监控无损检测；农用便携式检测、监测和调控设备。

浙江大学申请专利主要涉及技术点：植物生长状态监测与评估；温室作物的形态监测；农作物栽培过程中土壤温度监测与调控；农作物的病虫害监测与防控；农产品（茶叶）品质的无损检测；无人农用机械作业路径导航、自动避障的智能捕捞渔船；农机的自动导航与作业；水产初加工环节的自动作业和流量的实时监控；农机具作业效果及作业方式的监测评估；养殖业（畜禽及水产）动物生长关键参数和环境因子的数据监控和改良；畜禽水产养殖的自动投喂；农机的尾气排放实时测试；养殖动物呼吸耗氧量的实时监测；农作物病害的监测与防控；无土栽培技术；农业机器人；水产品的无水保活运输；基于动物生物体征多参数监测的可穿戴设备。

西北农林科技大学申请专利主要涉及技术点：数字农业平台无线网络监控系统研究；微型农业机械远程监控与视觉导航技术；一种基于 GPS 和 GIS 农业装备田间位置的监控系统；基于 GPS 和 GIS 的田间车辆监控及信息管理系统的开发，以太阳能电池供电的、基于 GPRS/GSM 的低功耗农田信息动态监测系统及数据推送技术在温室灌溉控制管理中的应用等。

北京农业信息技术研究中心申请专利主要涉及技术点：作物的表型信息采集与监测；基于土壤墒情预测的精准水、肥、药施用技术；农产品的无损检测、质量测评及农产品加工过程中关键指标监测；基于动物生物体征多参数监测的可穿戴设备；养殖业（畜禽及水产）动物生长关键参数和环境因子的数据监控；畜禽水产养殖的自动投喂；农产品的生产管理及履历采集；冷链运输过程中的信息采集和监测调控；农业遥感系统；农作物病害的监测与防控；农机的作业效果监控与评估。

华南农业大学申请专利主要涉及技术点：土壤关键参数的实时监测；农作物水、肥、药的精准施用；自动播种技术；智能收获机械；农作物病害的监测与防控；养殖业（畜禽及水产）动物生长关键参数和环境因子的数据监控；畜禽水产养殖的自动投喂；农机的自动避障作业；水产品保活运输；农机的自动控制系统；农机的作业效果监控与评估；基于图像识别的视频监控。

10.1.5 技术分布分析

通过对中国农业实时监控专利的前 10 位国际专利分类（International Patent Classification，IPC）分类号进行统计，分析该领域专利主要涉及的技术领域及相关专利申请分布情况，如图 10-2 所示。

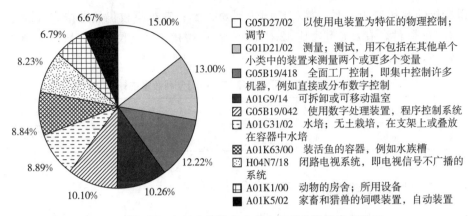

图 10-2　农业实时监控技术专利主 IPC 分类号排名前 10

农业实时监控技术的专利主要从五个方面进行布局：一是种植及养殖环境的实时数据监控和参数调节（G05D27/02、G01D21/02、A01K5/02、A01G9/14、A01K1/00），如田地土壤墒情监测结合水、肥、药的精准施用，农作物病害的监测与防控，畜禽水产养殖的自动投喂，基于动物生物体征多参数监测的可穿戴设备；二是空气（特别是含氧量、温、湿度）指标实时数据监测及控制调节（G05D27/02、G01D21/02、A01K63/00、H04N7/18、A01G31/02），如温室种植管理技术，无土栽培，养殖业动物生长关键参数和环境因子的数据监控，冷链运输过程中的信息采集和监测调控、水产品保活运输技术等；三是对农业生产有较大影响的气候环境监测与预警（G01D21/02、H04N7/18）；四是农作物长势监测（H04N7/18、G05B19/418、G05B19/042），如植物生长状态监测与评估，农作物的病虫害监测与防控；五是对光照情况实时数据监控（G05B19/418、A01K1/00），如温室作物的形态监测，养殖业（畜禽及水产）动物生长关键参数和环境因子的数据监控与改良。农业实时监控技术实质是综合多种现代科学技术（机器视觉、图像识别、传感技术、信号传输、深度学习、物联网等）才能达到的一种效果。

通过对专利文献的阅读和分析可知，在复杂的农业种植或养殖环境下，如在智能温室、现代化养殖场、农产品冷链运输过程中，为了达到良好的技术效果，需要多种关键技术的协调配合使用。因此，在农业实时监控领域，前十位的主 IPC 分类号呈现出占比较为平均的结果。

10.2　可变速率技术专利信息分析

10.2.1　专利技术数据分布

2020 年年底，中国关于农业可变速率技术的专利申请量为 18 059 件，获得授权的专利 12 020 件，授权比例达到 66.6％；获得授权仍然维持有效的专利有 7 730 件，有效专利占比 42.8％。较高的授权比例反映了该领域技术创新性较高，如表 10-4 所示。

表 10-4　农业可变速率技术中国专利数量统计

类别	申请量（件）	授权量（件）	授权比例（%）	有效量（件）	有效比例（%）
数量	18 059	12 020	66.6	7 730	42.8

10.2.2　技术发展趋势分析

将中国专利按照申请年统计，分析中国专利申请在近 20 年的申请趋势情况。从图 10-3 可以看到，农业可变速率技术领域在中国的专利申请从 2009 年之后增长快速。2001—2009 年，专利年度申请量较少且增长缓慢，处于起步阶段；2009 年之后在该技术领域的专利申请量增长明显，2011 年专利申请量超过 300 件，其中发明专利年度申请量首次突破 200 件。到了 2014 年，专利申请量超过 1 000 件。2014—2018 年，专利申请的增长势头强劲，年均申请量的增长均达到 1 000 件。截至 2018 年，专利申请总量达到了 4 000 件以上。

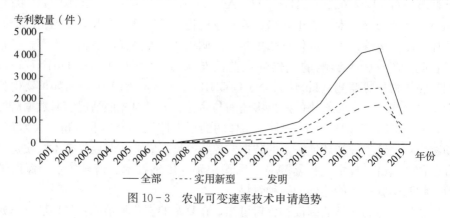

图 10-3　农业可变速率技术申请趋势

10.2.3　主要申请人地域分析

技术来源国家（地区）分析，能反映在中国申请专利的专利技术来自哪些国家（地区）。对农业可变速率领域在中国申请的专利按照收入来源税收管辖权统计，其技术来源国家（地区）分布情况见表 10-5。

表 10-5 显示，农业可变速率领域在中国申请的专利，来自中国的有 17 827 件，占比 98.7％，占到绝大多数，排名第二到第五的分别是：美国 35 件、中国台湾 27 件、以色列 16 件和日本 14 件。这说明这些国家和地区在

现代农业产业中实时监控领域的技术研究具有一定的实力，并且较为重视在中国内地的技术保护。

表 10 - 5　主要技术来源国家（地区）分析

单位：件

技术来源国家（地区）	中国	美国	中国台湾	以色列	日本	瑞典	荷兰	中国香港	法国	德国
申请量	17 827	35	27	16	14	9	7	5	5	5

10.2.4　主要申请人分析

对中国的农业可变速率技术专利申请的主要申请人按照申请量排序，列出排在前 20 位的申请人，如表 10 - 6 所示。从表中可以看到，在中国申请专利数量排在前 20 的全部为中国的申请人，类型有高校科研院所、企业和个人。高校科研院所占到了绝大部分，其中有 11 所是以农业学科为特色和优势的高校或科研院所，排名第一的是中国农业科学院农田灌溉研究所，165 件。企业类申请人有大禹节水（天津）有限公司。个人申请人也出现了两位，分别是肖金丽和张万军。

表 10 - 6　农业可变速率技术中国专利申请人排名前 20

单位：件

排名	单　位	数量
1	中国农业科学院农田灌溉研究所	165
2	四川农业大学	120
3	昆明理工大学	110
4	山东农业大学	109
5	中国农业大学	91
6	西北农林科技大学	82
7	江苏大学	68
8	肖金丽	53
9	中国水利水电科学研究院	51
10	河海大学	49
11	大禹节水（天津）有限公司	47
12	张万军	46

（续）

排名	单　　位	数量
13	青岛农业大学	40
14	北京农业智能装备技术研究中心	40
15	中国农业科学院农业资源与农业区划研究所	38
16	石河子大学	36
17	华南农业大学	36
18	塔里木大学	34
19	云南农业大学	32
20	甘肃农业大学	31

中国农业科学院农田灌溉研究所申请专利主要涉及技术点：农田的水肥药热一体化精准灌溉技术；中药废弃物再利用制备有机肥及精准施用；重金属污染土壤的作物安全种植及灌溉；作物水分状况的无损实施监测与智能灌溉；清洁能源驱动型灌溉设备；农业节水灌溉；智能水肥药灌溉一体化设备。

四川大学申请专利主要涉及技术点：水肥高效利用的农业育苗及栽培器具；多功能灌溉或施肥农用机械；农田的水肥一体化精准灌溉；农作物抗病栽培；农业灌溉循环用水系统；室内景观的自动化灌溉；自动化灌溉设备。

昆明理工大学申请专利主要涉及技术点：农田的水肥一体化精准灌溉；多功能灌溉或施肥农用机械；农业灌溉效果测试评估系统及设备；中草药抗病栽培；可再生能源驱动型灌溉设备；重金属污染土壤痕量消除的灌溉设备；自动化灌溉设备；水肥灌溉过程中同步监测营养元素浓度；基于物联网与传感技术结合的方式监测管理智能大棚。

肖金丽所申请的专利主要涉及技术点集中在水肥一体化灌溉农用机械上，53件专利均为实用新型专利，申请年份都集中在 2012 年、2013 年，并且截至2020 年 1 月，因视为撤回、未缴年费或欠费的原因，全部专利的法律状态均为失效或无效。

张万军所申请的专利主要涉及技术点集中在水肥一体化精准灌溉、自动化灌溉设备、自动化、智能化控制管理大棚农业环境。名下共有专利申请 46 件，其中 2015—2017 年共申请了 41 件实用新型专利，其中 38 件的法律状态为失效或无效。2018 年 4 月申请了一批共 5 件发明专利，2020 年年底在审查中。

大禹节水（天津）有限公司主要涉及技术点集中在自动灌溉、农业（牧区）节水灌溉、水肥一体化精准灌溉、清洁能源驱动型灌溉设备。

10.2.5　技术分布分析

通过对中国农业可变速率技术专利的前 10 位国际专利分类号（IPC）进行统计，分析该领域专利主要涉及的技术领域及相关专利申请分布情况，如图 10-4 所示。

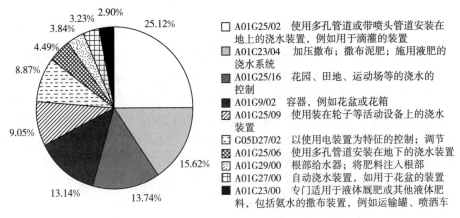

图 10-4　农业可变速率技术专利主 IPC 分类号排名前 10

农业可变速率技术的专利主要从三个方面来进行布局：布局最多的是智能灌溉技术用到的硬件设施或装置、灌溉控制系统（A01G25/02、A01G25/09、A01G25/16、A01G27/00），流量的电调节装置（G05D27/02）；土壤或培养基的肥力改善与补充技术（A01C23/04、A01C23/00、A01G29/00）；水肥药一体化灌溉中对于施药种类及用量智能调整技术、农药复配技术的专利布局也占有一部分（G05D27/02）。

10.3　农业图像识别技术专利信息分析

10.3.1　专利技术数据分布

2020 年年底，中国关于农业图像识别技术的专利申请量为 8 908 件，获得授权的专利 2 167 件，授权比例为 24.3%；获得授权仍然维持有效的专利有 2 474 件，有效专利占比 27.7%（表 10-7）。还有 2 个值得注意的数据：一是农业图像识别技术领域发明专利申请的数量为 6 777 件，占总申请量的 76.1%；二是正在审查中的专利数量为 4 068 件，占到申请量的 45.6%，这两个比例反映了近几年来农业图像识别技术是现代农业技术科研关注的重点，该领域技术的创新速度快、程度高，是新兴的专利成果产出的热点技术区，申请专利的技术创新性高。

表 10-7　农业图像识别技术中国专利数量统计

类别	申请量（件）	授权量（件）	授权比例（%）	有效量（件）	有效比例（%）
数量	8 908	2 167	24.3	2 474	27.7

10.3.2　技术发展趋势分析

　　将中国专利按照申请年统计，分析中国专利申请在近 20 年的申请趋势情况。从图 10-5 可以看到，农业图像技术领域在中国的专利申请从 2010 年之后增长快速。2001—2010 年，专利年度申请量低并且增长缓慢，处于起步阶段；2010 年之后在该技术领域的专利申请量增长明显，2012 年专利申请量首次超过 200 件。到了 2014 年，专利申请量超过 400 件。2014—2017 年，专利申请量增长迅速，到 2018 年，专利申请总量达到了 2 131 件，且发明专利申请为 1 611 件，占比 75.6%。回顾十年前，2009 年本领域的专利申请量只有 85 件。

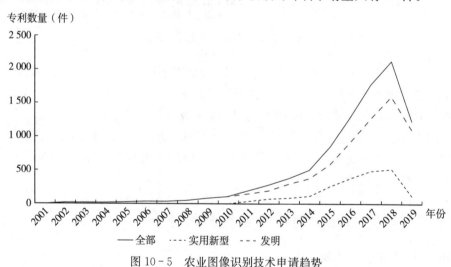

图 10-5　农业图像识别技术申请趋势

10.3.3　主要申请人地域分析

　　技术来源国家（地区）能反映出在中国申请专利的专利技术来自哪些国家（地区）。对农业图像识别技术领域在中国内地申请的专利按照收入来源税收管辖权统计，其技术来源国家（地区）分布情况见表 10-8。

　　表 10-8 显示，农业图像识别技术领域在中国申请的专利，来自中国的有 8 536 件，占比 95.8%，占到绝大多数，排名第二到第五的分别是：美国 112

件、日本 49 件、中国台湾 25 件和英国与瑞士各 15 件。这说明这些国家和地区在农业图像识别技术研究方面具有一定的实力，并且开始着手在中国内地布局技术的专利保护。

表 10 - 8　主要技术来源国家（地区）分析

单位：件

技术来源国家（地区）	中国	美国	日本	中国台湾	英国	瑞士	澳大利亚	荷兰	德国	加拿大
申请量	8 536	112	49	25	15	15	14	13	13	13

10.3.4　主要申请人分析

对中国的农业实时监控技术专利申请的主要申请人按照申请量排序，列出排前 20 位的申请人，如表 10 - 9 所示。从表中可以看到，在中国申请专利数量排在前 20 的全部为中国的高校科研院所。高校科研院所占到了绝大部分，其中有 7 所是以农林学科为特色和优势的高校，有 7 所科研院所，其余为综合性大学。排名第一的是中国农业大学，为 115 件。

表 10 - 9　农业图像识别技术主要申请人排名

单位：件

排名	申请人	专利数量
1	中国农业大学	115
2	江苏大学	78
3	华南农业大学	74
4	北京农业信息技术研究中心	66
5	浙江大学	64
6	西北农林科技大学	63
7	中国农业科学院农业信息研究所	56
8	中国水利水电科学研究院	53
9	山东农业大学	52
10	中国科学院遥感与数字地球研究所	49
11	福建省农业科学院植物保护研究所	45
12	南京农业大学	43
13	河海大学	42
14	中国农业科学院农业资源与农业区划研究所	39

（续）

排名	申请人	专利数量
15	西安电子科技大学	37
16	中国科学院合肥物质科学研究院	33
17	北京师范大学	31
18	南京林业大学	30
19	仲恺农业工程学院	29
20	北京农业智能装备技术研究中心	28

中国农业大学申请专利主要涉及技术点：温室环境关键参数采集与监测；农作物生长状态识别；智能果蔬成熟识别及自动采摘；作物病虫害实时监控；农作物水肥药精准施用；农产品质量无损检测及分级；农产品生产全过程的品质监测；养殖动物身份识别；养殖（畜禽或水产）环境关键指标监测与预警；养殖业关键过程动物行为的视频提取与图像识别；养殖业动物病害防控的图像处理方法；植物病害的远程诊断；大田气象远程数据监测；耕地质量遥感监测；大规模农作物种植面积车载调查方法。

江苏大学申请专利主要涉及技术点：农作物生长状态识别；植株参数远程数字图像采集；基于机器视觉的果蔬成熟识别及自动采摘；农作物病虫害实时监控；养殖（畜禽或水产）环境关键指标可视化监测与调整；养殖业关键过程动物行为的视频提取与图像识别；养殖业动物病害防控的图像处理方法；基于机器视觉的畜禽、水产养殖对象的远程饲喂与管理；农机的无人驾驶及路径规划；农用机械作业质量的实时监测；农作物施药效果评价；农产品质量无损检测及分级。

华南农业大学申请专利主要涉及技术点：农作物长势监测；基于图像识别的农作物病虫害实时监控；基于机器视觉的果实识别及自动采摘；基于图像识别的农产品品质无损检测及分级；养殖（畜禽或水产）环境关键指标监测与预警；养殖业关键过程动物行为的视频提取与图像识别；养殖业动物病害防控的图像处理方法；农业设施环境参数采集；基于卷积神经网络的智能农用机械图像识别；农用机械作业质量的实时监测；基于机器视觉的农机的无人作业方式路径的规划与调整。

北京农业信息技术研究中心申请专利主要涉及技术点：智能温室环境信息采集及管理；农作物水肥药精准施用；作物生长表型监测；可视化植物生长生态模拟仿真展示；农作物病虫害实时监测与控制；养殖业关键过程动物行为的视频提取与图像识别；养殖动物个体识别；养殖对象的远程自动饲喂与管理；农产品供应链管理；基于图像识别的农产品品质无损检测及分级；反映植被变化的田间信息采集；农产品冷链物流车厢的电子履历采集与预警；"认种认养"

模式下的远程休闲农业用互动。

农业信息研究所申请专利主要涉及技术点：农作物生长状态识别；农作物生长环境监测；农作物水肥药精准施用评估与调控；农作物病虫害实时监测与控制；基于视觉成像设备和预设生长模型对比的农作物产量预测；基于风味传感和数据采集的农产品品质监测；养殖动物身份、性别识别；养殖业关键过程动物行为的视频提取与图像识别；养殖业动物数量的视频提取与图像识别；农业生产环境双模式视频监控。

10.3.5　细分技术构成分析

通过对农业图像识别技术专利的前 10 位 IPC 分类号进行统计，分析该领域专利主要涉及的技术领域及相关专利申请分布情况，如图 10-6 所示。

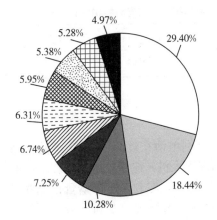

□ G01D21/02　用不包括在其他单个小类中的装置来测量两个或更多个变量
▨ G06K9/00　图像预处理和多种识别功能的组合
▨ H04N7/18　闭路电视系统，即电视信号不广播的系统
■ C12Q1/68　包括核酸包含酶或微生物的测定或检验方法
▨ G06Q50/02　农业；渔业；矿业；专门适用于行政、商业、金融、管理、监督或预测目的的数据处理系统或方法
▤ A01K29/00　畜牧业用的其他设备
▩ H04L29/08　通信控制；通信处理；传输控制规程，例如数据链级控制规程
▨ G06K9/62　应用电子设备进行识别的方法或装置
▥ G06T7/00　图形属性的分析，例如一个图像的区域、重心、周边
■ A01C23/04　加压撒布；撒布泥肥；施用液肥的浇水系统

图 10-6　农业图像识别技术专利主 IPC 分类号排名前 10

农业图像识别技术的专利主要从四个方面进行布局：第一，种植、养殖或农产品运输环境的一个或多个关键参数采集与监测技术。例如，基于图像识别的农作物病虫害实时监控；基于机器视觉的果实识别及自动采摘；基于图像识别的农产品品质无损检测及分级；农业生产环境双模式视频监控（G01D21/02、G06K9/00、H04N7/18）。第二，基于视频图形采集得到的数据信息并进行加工分析的识别技术。例如，基于视觉成像设备和预设生长模型对比的农作物产量预测；养殖业关键过程动物行为的视频提取与图像识别；养殖动物个体识别；养殖对象的远程自动饲喂与管理（G06K9/00、A01K29/00、G06Q50/02、G06T7/00、G06T7/00）。第三，应用电子设备进行监控和识别的设备或装置。例如，农作物病虫害实时监控设备；基于图像识别的农产品品质无损检测及分级装置及方法；反映植被变化的田间信息采集设备（G06K9/62、H04N7/18、

A01K29/00、C12Q1/68)。第四,监控信号的通信控制、通信处理技术。例如,农产品供应链管理;远程休闲农业用互动技术(H04L29/08、G06Q50/02)。

10.4 农业无人机(植保无人机)应用技术专利信息分析

10.4.1 专利技术数据分布

2020 年年底,中国关于农业无人机(植保无人机)应用技术的专利申请量为 5 522 件,获得授权的专利有 2 448 件,授权比例达到 44.3%;获得授权仍然维持有效的专利有 2 098 件,有效专利占比 38.0%(表 10-10)。正在审查中的专利数量为 2 126 件,占到申请量的 38.5%。较高的授权比例和在审比例反映了该领域技术创新性较高。

表 10-10 农业无人机(植保无人机)应用技术中国专利数量统计

类别	申请量(件)	授权量(件)	授权比例(%)	有效量(件)	有效比例(%)
数量	5 522	2 448	44.3	2 098	38.0

10.4.2 技术发展趋势分析

将中国专利按照申请年统计,分析中国专利申请在近 20 年的申请趋势情况。从图 10-7 可以看到,农业无人机(植保无人机)应用技术领域在中国的专利申请从 2012 年之后增长快速。2001—2011 年,专利年度申请量很低并且增长缓慢,处于起步阶段;2012 年之后,在该技术领域的专利申请量增长明

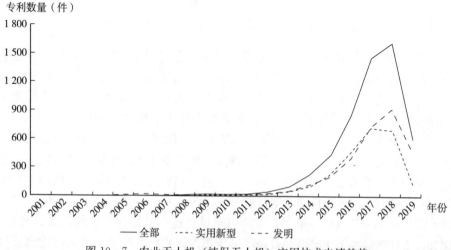

图 10-7 农业无人机(植保无人机)应用技术申请趋势

显，2013 年专利申请量首次超过 100 件。到了 2015 年，专利申请量超过 400 件。2014—2017 年，专利申请呈现爆发性的增长，年均申请量的增长率均超过 75％，2018 年专利申请总量达到了 1 616 件，而回顾 10 年前，2009 年本领域的专利申请量只有 20 件。

10.4.3　主要申请人地域分析

技术来源国家（地区）分析能反映在中国申请专利的专利技术来自哪些国家（地区）。对农业无人机（植保无人机）应用技术领域在中国内地申请的专利按照收入来源税收管辖权统计，其技术来源国家（地区）分布情况见表 10 - 11。

表 10 - 11 显示，农业无人机（植保无人机）应用技术领域在中国申请的专利，来自中国的有 5 263 件，占比 95.3％，占到绝大多数。排名第二到第五的分别是：美国 53 件、日本 30 件、德国 14 件和以色列 9 件。这说明这些国家和地区在农业无人机（植保无人机）应用技术领域的技术研究方面具有一定的实力，并且较为重视在中国的技术保护。

表 10 - 11　主要技术来源国家（地区）分析

单位：件

技术来源国家（地区）	中国	美国	日本	德国	以色列	英国	韩国	中国香港	丹麦	澳大利亚
申请量	5 263	53	30	14	9	7	3	3	3	3

10.4.4　主要申请人分析

对中国的农业无人机（植保无人机）应用技术专利申请的主要申请人按照申请量排序，列出排在前 20 位的申请人，如表 10 - 12 所示。从表中可以看到，在中国内地申请的专利量排名前 5 名的有 1 所高校，4 个企业。前 20 名中，有 7 所中国高校、两家科研院所，其余的 11 个为企业申请人。排名第一的是华南农业大学，102 件。两家科研院所分别是农业部南京农业机械化研究所与北京农业信息技术研究中心。企业申请人中，广州极飞科技有限公司、青岛锐擎航空科技有限公司、深圳市大疆创新科技有限公司、清远市巨劲科技有限公司进入了前 5 名。

表 10 - 12　农业无人机（植保无人机）应用技术申请人排名

单位：件

排名	单　　位	数量
1	华南农业大学	102

（续）

排名	单　位	数量
2	广州极飞科技有限公司	97
3	青岛锐擎航空科技有限公司	79
4	深圳市大疆创新科技有限公司	66
5	清远市巨劲科技有限公司	54
6	浙江大学	48
7	中国农业大学	41
8	江苏大学	39
9	农业部南京农业机械化研究所	39
10	芜湖元一航空科技有限公司	39
11	佛山市神风航空科技有限公司	37
12	无锡同春新能源科技有限公司	35
13	山东理工大学	33
14	安阳全丰航空植保科技股份有限公司	30
15	成都天麒科技有限公司	30
16	广东莱盛隆电子股份有限公司	29
17	上海拓攻机器人有限公司	28
18	南京林业大学	28
19	仲恺农业工程学院	26
20	北京农业信息技术研究中心	26

华南农业大学申请专利主要涉及技术点：农用无人机药箱液位自动检测、补给；植保无人机用农药自动混配装置；植保无人机施药效果监测与关键参数（方向、流量、靶点）实时调节；植保无人机作业路径规划；清洁能源驱动型植保无人机；农用无人机能耗评估；基于虚拟现实的田间农情信息实时监测。

广州极飞科技有限公司申请专利主要涉及技术点：农业无人机稳定性和可靠性新结构；农业无人机配套用自动化播种器组件；农业无人机配套用智能药箱组件；农用无人机作业方式和航线规划；农业无人机虫、草害实时监测和精准施药；农用无人机用传感装置。

青岛锐擎航空科技有限公司申请专利主要涉及技术点：植保无人机的配套组件；植保无人机剩余药液监测与提醒；植保无人机主要部件的连接方式。

深圳市大疆创新科技有限公司申请专利主要涉及技术点：农业植保无人机

及其配套用的泵装置；农业植保无人机及其的动力组件；农业无人机的目标检测及避障；农业无人机的流量监测；农业无人机的控制方法；农业植保无人机及其配套用的播撒及喷洒装置；农业无人机的泵自动清洁、加液。

清远市巨劲科技有限公司申请的专利主要涉及技术点：农业植保无人机及其配套用的功能组件；农业无人机配套用药箱组件；农业无人机飞行稳定；农业无人机外壳结构设计；农业无人机测绘与航拍；农业无人机收纳、转移、运输装置。

10.4.5　细分技术构成分析

通过对农业无人机（植保无人机）应用技术专利的前 10 位主 IPC 分类号进行统计，分析该领域技术主要涉及的技术领域及相关专利申请分布情况。如图 10 - 8 所示，大部分专利申请围绕四个方面进行布局，一是农业无人机在农作物的肥料、农药的喷施操作技术。例如，储液箱体或泵体的流量监测、液位监测与自动补液，基于虫害自动识别的储药箱的农药自动混配，根据作物营养情况进行靶向精准补肥等（B64D1/18、B64D1/16、A01M7/00、G01D21/02、G05B19/042）。二是农业无人机的飞行稳定性提升技术。例如，基于周围环境探测的自动避障，配套储液箱的液位平衡，无人机植保作业路径的智能规划和实时调整（G05D1/10、G06K9/00）。三是携带储液箱或泵体的多旋翼农业植保无人机在外壳结构、机身配套用的播撒或喷洒部件装置、起落架等功能组件的改良设计，农业无人机的电池动力持久性提升、清洁能源驱动应用型农业无

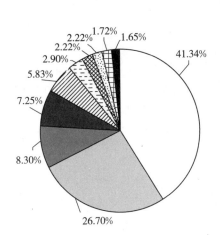

□ B64D1/18　在飞行中抛投、弹射、释放或接收物品、液体或类似物资,通过喷射, 例如喷洒杀虫剂

▨ A01M7/00　动物的捕捉、诱捕或惊吓,用于本小类所列目的的液体喷雾设备的专门配置或布置

▨ G05D1/10　陆地、水上、空中或太空中的运载工具的位置、航道、高度或姿态的控制;三维的位置或航道的同时控制

■ B64C27/08　有两个或多个旋翼的直升飞机

▨ B64C39/02　以特殊用途为特点的其他飞行器

▤ G06K9/00　数据识别;数据表示;记录载体;记录载体的处理用于阅读或识别印刷或书写字符或者用于识别图形

▨ B64D1/16　在飞行中抛投、弹射、释放或接收物品、液体或类似物资,抛投或释放粉状、液态或气态物质的

▨ G01D21/02　用不包括在其他单个小类中的装置来测量两个或更多个变量

▦ G05B19/042　使用数字处理装置的控制或调节系统;这种系统的功能单元;用于这种系统或单元的监视或测试装置

■ B64C1/30　可相对移动以减小飞机外形尺寸的机身配件

41.34%
26.70%
8.30%
7.25%
5.83%
2.90%
2.22%
2.22%
1.72%
1.65%

图 10 - 8　农业无人机（植保无人机）应用技术专利主 IPC 分类号排名前 10

人机（B64C27/08、B64C1/30）。四是无人机除喷施农药、肥料及播撒用途之外，用于农业测绘、航拍或农作物表型图像、数据的采集等应用方面的技术研发与布局。

10.5 农产品质量安全、防伪及产地溯源技术专利信息分析

10.5.1 专利技术数据分布

2020 年年底，中国关于农产品质量安全、防伪及产地溯源技术的专利申请量为 3 013 件，授权的专利为 597 件，授权比例为 19.8%；获得授权仍然维持有效的专利有 685 件，有效专利占比为 22.7%（表 10-13）。通过分析专利年申请量数据发现，从申请时间上看，2016—2018 年 3 年间，新申请的专利数量为 1 437 件，占到近 20 年申请总量的 47.7%；从申请类型上看，发明专利的申请数量为 2 416 件，占到近 20 年申请总量的 80.2%；正在审查中的专利数量为 1 121 件，占到近 20 年申请量的 37.2%。结合近几年申请量的近半数占比、超八成的发明专利比例及较高的专利在审查比例，从多个方面反映了农产品质量安全、防伪及产地溯源技术较新，申请专利的技术创新性较高，也是现代农业技术科研中近年来比较热门的研究方向。

表 10-13 农产品质量安全、防伪及产地溯源技术中国专利数量统计

类别	申请量（件）	授权量（件）	授权比例（%）	有效量（件）	有效比例（%）
数量	3 013	597	19.8	685	22.7

10.5.2 技术发展趋势分析

将中国专利按照申请年统计，分析中国专利申请在近 20 年的申请趋势情况。从图 10-9 可以看到，农产品质量安全、防伪及产地溯源技术领域在中国的专利申请从 2008 年之后增长快速。2001—2007 年，专利年度申请量很低并且增长缓慢，处于起步阶段；2007 年之后在该技术领域的专利申请量增长明显，2011 年，发明专利和实用新型专利申请总量首次超过 100 件。到了 2016 年，专利申请量超过 400 件。2014—2018 年，专利申请增长速度快速，2018 年专利申请总量达到了 521 件，其中发明专利申请量为 438 件。

10.5.3 主要申请人地域分析

技术来源国家（地区）分析，能反映出在中国申请专利的专利技术来自哪些国家（地区）。对农产品质量安全、防伪及产地溯源技术领域在中国内地申

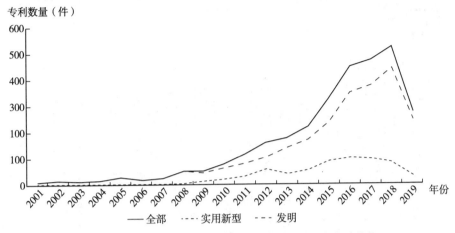

图 10-9　农产品质量安全、防伪及产地溯源技术申请趋势

请的专利按照收入来源税收管辖权统计，其技术来源国家（地区）分布情况见表 10-14。

由表 10-14 可知，农产品质量安全、防伪及产地溯源技术领域在中国申请的专利中，来自中国的有 2 665 件，占比 88.4%。排名第二到第五的分别是：美国 24 件、瑞士 10 件、日本 7 件、中国台湾 6 件和德国 6 件。这说明这些国家和地区在农产品质量安全、防伪及产地溯源技术领域的技术研究具有一定的实力，也着手在中国进行技术的专利保护。

表 10-14　主要技术来源国家（地区）分析

单位：件

技术来源国家（地区）	中国	美国	瑞士	日本	中国台湾	德国	荷兰	英国	韩国	中国香港
申请量	2 665	24	10	7	6	6	5	5	3	3

10.5.4　主要申请人分析

对中国的农产品质量安全、防伪及产地溯源技术专利申请的主要申请人按照申请量排序，列出排在前 20 位的申请人，如图 10-10 所示。由图 10-10 可以看到，在中国申请专利数量排在前 20 的申请人全部来自中国。高校科研院所共有 16 所，有 3 家是企业，还有 1 位是个人。排名第一的是北京农业信息技术研究中心，拥有专利申请量 27 件。

北京农业信息技术研究中心申请专利主要涉及技术点：基于区块链的农产品溯源存证；农产品防伪溯源信息存储与快速查询；用于农产品溯源的颗粒投

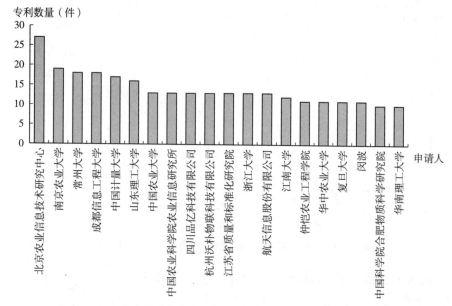

专利数量（件）

图 10-10　农产品质量安全、防伪及产地溯源技术主要申请人排名

放数量及位置选择；农产品透明供应链；农产品溯源数据采集或查询设备；农产品产地防伪标识；冷链物流监控；带农产品防伪标识的包装；农产品流通质量安全用双链码稽核方法；农产品追溯码的编码及生成方法。

南京农业大学申请专利主要涉及技术点：基于红外技术的农产品产地分区方法；基于二维码的农产品溯源技术；基于光谱分析的农产品产地鉴别方法；基于射频识别（RFID）电子标签的农产品溯源识别；基于分子标记的猪肉DNA溯源法；种子的纯度鉴定；转基因食品溯源检测技术。

常州大学申请专利主要涉及技术点：降低稻米重金属含量的肥料配合施用方法；重金属污染稻田土壤的植物组合修复；水产养殖的环境监测与预警；农产品质量智能溯源。

成都信息工程大学申请专利主要涉及技术点：气象要素对农产品的认证评价及管理；农产品质量溯源防伪包装；基于二维码的农产品信息溯源查询；基于二维码的水果种植信息追溯；基于二维码的水果全程多源信息追溯的物联网。

中国计量大学申请专利主要涉及技术点：带有产地溯源功能的肉类产品样品皿；地理标志产品真实性识别；武夷岩茶的产地鉴别；基于多种技术的植物产地鉴别。

杭州沃朴物联科技有限公司申请专利主要涉及技术点：基于LED防伪标签的识别验伪；基于动态条形码、密码或二维码的防伪标签及其结构设计。

个人申请人闵波共申请了 11 件专利，主要涉及技术点是利用植物指纹特性的一次性防伪技术包装方法或装置。截至 2019 年年底，这一批专利的专利状态均为失效或无效。

10.5.5　细分技术构成分析

通过对农产品质量安全、防伪及产地溯源技术方向专利的前 10 位主 IPC分类号进行统计，分析该领域技术主要涉及的技术领域及相关专利申请分布情况。如图 10-11 所示，大部分专利申请围绕四个方面进行布局，一是农产品销售过程中以防伪监督与识别为目的的信息采集和数据处理系统（G06Q30/00、G06Q30/06、G01N30/02），如水产品、肉类、水果、茶叶的产地识别与查询数据平台或网络系统。二是用于农产品消费市场监督的多源信息化设备、系统或方法（G06Q10/06、G06K17/00、H04L29/08、G06Q50/02），例如，基于区块链的农产品供应链可信追溯模型的构建方法，农产品全生命周期的质量安全追溯方法及系统，以及配套的质量安全全程监控与追溯的设备、系统及方法。三是基于无线射频技术或 LED 技术的防伪、溯源标签，以及带有此类型标签的产品包装（G06K17/00）。四是基于光学手段或者核酸检测、微生物测定等方式的转基因肉类及农产品原产地监测技术（C12Q1/68、G01N21/359）也占有一定比例。

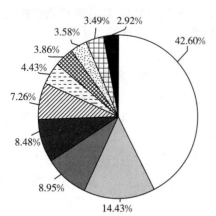

□ G06Q30/00　专门适用于行政、商业、金融、管理、监督或预测目的的数据处理系统或方法商业，例如购物或电子商务

▨ G06Q10/06　资源、工作流、人员或项目管理，例如组织、规划、调度或分配时间、人员或机器资源；企业规划；组织模型

▩ G06K17/00　两个或多个大组中的设备之间实现协同作业的方法或装置，例如，结合有传送和读数操作的自动卡片文件

■ G06Q50/02　专门适用于特定经营部门的系统或方法；农业；渔业；矿业

▨ G06Q10/08　物流，例如仓储、装货、配送或运输；存货或库存管理，例如订货、采购或平衡订单

▤ G06Q30/06　购买、出售或租赁交易

▨ H04L29/08　通信控制；通信处理，以协议为特征的，传输控制规程，例如数据链级控制规程

▨ G01N30/02　不能为G01N 30/04至G01N 30/86组中单独一个组所包括的、相应专用的综合分析系统

▦ C12Q1/68　包含酶或微生物的测定或检验方法，包括核酸

■ G01N21/359（已删除）【G01N21/00】　利用光学手段，即利用红外光、可见光或紫外光来测试或分析材料

图 10-11　农产品质量安全、防伪及产地溯源技术方向专利主 IPC 分类号排名前 10

第 11 章　国家级现代农业产业园优势经验介绍

11.1　国家级现代农业产业园的发展阶段及地域分布分析

现代农业产业园是现阶段发展较为成熟的一种现代农业园区类型，现代农业产业园是乡村振兴的重要载体和平台。随着社会的不断进步，我国农业发展已从传统农业向新型农业转变，农业现代化发展成就显著。在乡村振兴战略实施、农业供给侧结构改革、产业发展结构优化的背景下，发展现代农业产业园是重要途径之一，符合生产力发展的要求[3,21]。现代农业产业园是指在有一定资源、产业和区位特点等优势的范围内优先发展现代农业，从而在某空间形成产业群的聚集区，是由政府引导、企业运作，在规模化种养基础上实施集约化生产和企业化经营管理，集科技研发、农业生产、休闲旅游、示范服务、生态保护、创新孵化等多种功能为一体的现代农业园区[25,26]。现代农业产业园通过增加农民的收入，带动区域经济和产业的发展，从而进一步推进现代农业的发展。

2018 年《乡村振兴战略规划（2018—2022 年）》提出，依托现代农业产业园，打造农村产业融合发展的平台载体，促进一二三产业融合发展。20 世纪 90 年代，我国农业园区开始出现，至今已发展了几十年，出现了多种类型的现代农业园区，现代农业产业园是现阶段发展较成熟的一种类型。

以现代农业园区所承载的功能、与农户连接紧密程度等为依据，可以将我国的现代农业产业园发展历程划分为 4 个阶段：研究探索阶段、规范发展阶段、创新提升阶段和突破推进阶段。

研究探索阶段：随着我国农业生产方式逐步由传统型向现代集约型方向过渡，作为现代集约型农业示范窗口的农业科技园应运而生，并呈快速发展的势头[3]。1993 年，在北京首次建立了示范农场，该农场以展示以色列设施农业和节水技术为主，农业科技园的建设标志着我国农业园区进入研究探索阶段。在这一阶段，农业园区一般由各级政府投资兴办，主要以农业科技园区为代表。这是我国出现最早的一类农业园区，主要功能是农业优新品种、先进技术、模式和理念的展示示范、推广带动。1997 年，我国创办了第一个国家级农业科技园区，即陕西杨凌农业高新技术产业示范区。该农业科技园区由国务院立项，与地方政府共同投资建设。农业科技园的建设为区域农业的发展、农业科技与经济的有效结合作出积极贡献。

规范发展阶段：农业科技园区以科技为支撑、以市场为导向，是现代农业科技的辐射源，是市场与农户连接的纽带，是人才培养和技术培训的基地，可对周边地区农业产业升级和农村经济发展发挥示范与推动作用。为进一步加快农业产业化与现代化进程，2001 年 7 月，科技部颁布了《农业科技园区管理办法（试行）》和《农业科技园区指南》，通过总体定位、理顺关系、创新及加强指导等，引导园区健康发展，并计划用 5 年时间在全国陆续建立 50 个具有区域代表性和引导、示范、带动作用的国家农业科技园区。自 2001 年起，我国农业园区正式进入规范发展阶段，该阶段农业园区主要具有重视经济效益、投资主体多元化、单一功能逐步向多功能方向发展等特点。在这一阶段，观光农业园、果蔬采摘园、畜牧养殖园、农副产品加工园、休闲农业园、度假村、民俗观光村、生态农庄、农产品物流园等不同类型的园区也大量出现。

创新提升阶段："十二五"时期，我国总体上已进入加快改造传统农业、走中国特色农业现代化道路的关键时期。随着农业农村发展有利条件和积极因素不断积累增多，各种传统和非传统的挑战越来越多。2009 年，农业部启动了国家现代农业示范区创建工作，这标志着我国农业园区建设进入创新提升阶段。现代农业示范区是在传统农区确定一定区域，由政府、企业、合作组织及农户等生产经营主体参与投资建设，依托一定的农业科研、教育和技术推广机构，引进新品种、新技术，开展集约化生产、产业化与规模化经营，实现农业增产增效、农民增收，示范、辐射和带动周边及同类地区的现代农业建设[5]，具有产业布局合理、资源利用高效、组织方式先进、综合效益显著等特征。

从 2010 年开始，我国现代农业园区建设主要以构建现代农业产业体系、示范推广现代农业技术、培养新型经营主体、创新体制机制、拓展农业功能的现代农业示范区为主。2010 年中央 1 号文件明确提出"创建国家现代农业示范区"，之后连续多年均有相关工作指示与安排。2010 年 3 月，国务院总理在《政府工作报告》中再次强调"积极推进现代农业示范区建设"；2012 年中央 1 号文件再次提出"加快推进现代农业示范区建设"；2015 年中央 1 号文件提出"扩大现代农业示范区奖补范围"。2010 年 8 月，农业部印发了《农业部关于认定第一批国家现代农业示范区的通知》，认定北京顺义区等为首批国家现代农业示范区；2012 年 1 月，认定了第二批；2015 年 1 月，又认定了第三批。在该阶段，我国共认定国家现代农业示范区 283 个。

突破推进阶段："十三五"时期，我国农业现代化全面推进，产业格局有了新变化，农民收入大幅提高，但城乡发展仍存在城乡要素流动不畅和农村老龄化、空心化等问题。为推进农业农村发展建设，党的十九大报告首次提出实施乡村振兴战略，坚持农业农村优先发展。2016 年年底，中央农村工作会议提出现代农业产业园是优化农业产业结构、促进三产深度融合的重要载体。现代农业产业园的提出，顺应了城乡融合发展，促使我国农业园区迈进突破推进阶段。

2016 年至今，我国现代农业园区的发展以建设产业特色鲜明、要素高度集聚、设施装备先进、生产方式绿色、一二三产业融合、辐射带动有力的国家现代农业产业园为主。现代农业产业园除了应具备安全农产品供给功能，还兼具生态保护、生活休闲、科技示范、教育培训促进就业等综合功能。

在实施乡村振兴战略背景下，以现代农业产业园建设为抓手，能够有利于为引领农业供给侧结构性改革搭建新平台，为推进农业现代化建设提供新载体，为培育农业、农村发展新动能创造新经验。2017 年，中央 1 号文件正式提出要建设"生产＋加工＋科技"的现代农业产业园。为突出现代农业产业园产业融合、农户带动、技术集成、就业增收等功能作用，引领农业供给侧结构性改革，加快推进农业农村现代化，农业农村部、财政部分别在 2018 年、2019 年持续开展国家现代农业产业园创建及认定工作。通过 3 年的建设发展，现代农业产业园建设管理、考核评价体系日臻完善。截至 2021 年 1 月，国家现代农业产业园创建 151 个（含纳入国家现代农业产业园创建管理体系的省级现代农业产业园 7 个），覆盖全国 31 个省（区、市）。

11.2 从政策指引和产业发展现状选择对标现代农业产业园

11.2.1 湖北省潜江市现代农业产业园概况

2017 年 6 月，湖北省潜江市成为全国首批之一、湖北省唯一的国家级现代农业产业园。园区总面积 88.62 万亩，覆盖园林、泰丰、杨市、龙湾、熊口和渔洋 6 个镇、114 个村，5.2 万农户，21.37 万人，建设期内计划完成总投资 17.53 亿元。

"潜江龙虾"在 2018 年创造产值 320 亿元，解决了 15 万人就业，带动农民人均增收 4 000 元。潜江成为"中国小龙虾之乡""中国小龙虾加工出口第一市""中国小龙虾美食之乡""中国虾稻之乡"，也成就了"世界龙虾看中国，中国龙虾看湖北，湖北龙虾看潜江"的美誉[27,28]。

2018 年，园区总产值约为 237.51 亿元。其中主导产业为虾-稻，综合种养面积 19.80 万亩，预计产值达 154.96 亿元，占园区总产值 65.24%。目前，园区已有 125 家新型经营主体入园，吸收 3 460 人就业，带动 2.86 万人增收致富[29]。

　　湖北省潜江市现代农业产业园重点聚焦现代产业园区"产业融合、农户带动、技术集成、就业增收、引领农业供给侧结构性改革、加快推进农业现代化"的核心功能，结合虾-稻产业优势、发展潜力、经济区位、环境容量和资源承载力，构建"两区一基地"。两区，是指科技创新和综合商务区（核心区），产业集聚与产城融合发展区（示范区）；一基地，是指绿色高效"虾稻共作"标准化种养基地（辐射区）（表 11-1）。

表 11-1　湖北省潜江市现代农业产业园功能分区

功能分区	相关职能
核心功能	产业融合、农户带动、技术集成、就业增收、引领农业供给侧结构性改革，加快推进农业现代化
两区	科技创新和综合商务区（核心区），产业集聚与产城融合发展区（示范区）
一基地	绿色高效"虾稻共作"标准化种养基地（辐射区）

　　截至 2018 年年底，经统计，湖北省潜江市现代农业产业园涉及的项目有 19 个。其中，2017 年开始建设的项目有 5 个，2018 年启动建设的项目有 8 个，而由地方资金、企业和社会资本投资建设的项目有 6 个。

　　从 2001 年潜江市积玉口镇农民刘主权第一次在稻田养虾成功开始，经过近 19 年的发展，潜江建成高标准稻虾共作基地 75 万亩，小龙虾养殖年产量 13.5 万吨，虾稻产量 45 万吨，亩平均增收 5 000 元以上。从 2003 年潜江人李代军做出第一盆油焖大虾开始，潜江小龙虾的菜品已发展到 118；全国龙虾餐饮直营店和加盟店 3 000 多家，直接从业人员近 2 万人。该品牌与全国 15 个地区和 45 家企业签订合作协议，统一使用、推广"潜江龙虾"品牌。潜江龙虾不仅销往全国各地，还远销欧美、日、韩等 30 多个国家和地区，占据欧洲 60% 市场，年出口创汇 1.5 亿美元，作为水产品出口连续 14 年领跑全国。潜江市虾稻产业形成了集科研示范、选育繁育、生态种养、精深加工、餐饮物流、品牌文化等于一体的完备产业链条。

　　"湖北省小龙虾产业已破千亿元，并保持了增长的美好前景。未来潜江将致力于打造虾稻第一产业产值 200 亿元、第二产业综合产值不低于 350 亿元、第三产业综合产值不低于 450 亿元的虾稻产业千亿集群。"2019 年潜江市农业发展中心负责人接受记者采访时介绍，近年来，潜江市小龙虾产业发展迅猛，从最早的"捕捞＋餐饮"模式，逐步向养殖、加工、流通及旅游、节庆一体化服务拓展，产业链不断延伸，潜江市现已成为全国最大的淡水小龙虾养殖、加工与出口基地，而小龙虾产业也成为潜江市富民强市的第一特色产业。2019 年湖北省省长在政府工作报告中，再次提出要推进"荆楚优品"工程，培育潜江龙虾等国家级品牌。虾稻产业已经成为潜江市农业经济的响亮名片,产业发展迅猛,社会各界高度关注。小龙虾产业的强势发展有力促进了农业结构调整,拓展了农民增收空间,取得了显著的经济效益、社会效益和生态效益[30,31]。

11.2.2 广东省江门市新会区现代农业产业园概况

江门市新会是一座有着近 1 800 年历史的南粤历史文化名城,历史上一直是四邑地区的政治、经济、文化和交通中心,2018 年地区生产总值为677.03 亿元,2019 年在全国百强区榜单中排行第 49 位。源于宋代的陈皮文化,既是新会千年古郡厚重历史的见证,也是侨乡新会独有的文化瑰宝。新会陈皮以其药食同源、食养俱佳的独特价值,名列"广东三宝"之首,有"千年人参,百年陈皮"之美誉。

新会陈皮,百年传承,尤其是近年来,新会陈皮产业发展迅猛,已初步勾勒出以陈皮为中心,集陈皮加工、柑鲜果交易、仓储物流、文化观光等于一体的区域产业聚集区,形成上下游配套的产业链,建立起农工商同步、产学研共建、一二三产融合的农业产业新格局。

2017 年年初,农业部、财政部启动了创建第二批国家现代农业产业园评选工作。经申请、推荐、实地核查、现场答辩等公开选拔,新会陈皮现代农业产业园(图 11 - 1)脱颖而出,于同年 9 月成功入选国家现代农业产业园创建名单和广东省岭南中药材广陈皮产业园项目。

根据《广东省江门市新会区(新会陈皮)现代农业产业园创建方案》(以下简称《创建方案》),产业园以新会柑主要产区圭峰会城、三江镇和双水镇为核心区域,突出国际化陈皮展示与品鉴交易基地、全

图 11 - 1 产业园标志

国陈皮行业标准规范引领中心、全国陈皮全产业链生产示范平台和全国陈皮功能性食品产业集聚区的产业定位,建设全国一流的陈皮产业园,打造"中国陈皮之都·世界陈皮中心"。

创建伊始,根据《创建方案》规划中"一轴、四园、三基地"的空间布局,"一轴"为沿陈皮产业文化创意与休闲体验轴,展示发挥陈皮产业的生态涵养与文化创意旅游等功能;"四园"为陈皮村三产融合与双创园、丽宫国际

陈皮精深加工园、新宝堂陈皮生物科技孵化园、七堡健康食品研发加工集聚园，突出陈皮科技研发、精深加工、流通展示等功能；"三基地"主要是指在陈皮柑种植优势区高标准打造三江、双水及会城三大陈皮柑标准种植基地，构建现代化、规模化原料基地。

产业园还将以新会陈皮柑茶为主导产品和主力市场，带动传统食品升级，逐步启动健康食品和功能保健品开发，形成陈皮一二三产融合发展、药食茶健四业协调同步，构建"一皮三产四业"的全产业格局，打造千亿级产值的全球陈皮产业中心。《创建方案》提出，把新会陈皮现代农业产业园打造成聚集现代生产要素的一二三产融合发展的特色化、标准化、产业化、绿色化的现代农业产业园。

2017 年 12 月，第四届中国·新会陈皮文化节在广东省江门市新会陈皮村隆重开幕。成功入选"国家队"的新会陈皮现代农业产业园不负厚望，经过短短一年多时间的发展，新会陈皮产业就实现了高质量的飞跃。一座集种苗繁育、陈皮种植、陈皮加工、文化休闲等于一体的陈皮现代产业集群正在崛起。在"2018 中国品牌价值"评价信息中，"新会陈皮"品牌位列全国地理标志产品第 41 位，价值 89.1 亿元。

新会陈皮行业协会统计数据显示，产业园创建带动新会全区农民直接收益12.6 亿元，其中，种植户鲜果销售收益 3.5 亿元，土地经营权流转收益1.5 亿元，农民工劳务年总收入 6.6 亿元，企业支付物业租金超 1 亿元。在利益分享机制的带动下，种植新会柑的农民人均增收 1.88 万元，较周边高出4 000 多元。

在新的历史背景和市场环境影响下，新会区现代农业产业园的产业规划又得到了进一步的发展，将按照"一轴""两带""三基地""四中心""五园区"的大布局思路，全面构筑新会陈皮生态、健康、富民大农业产业格局，积极打造"中国（百亿）陈皮之都·世界（千亿）陈皮中心"。

11.3   湖北省潜江市现代农业产业园发展情况

2017 年，湖北省出台了现代农业产业园创建的相关政策，计划从 2017 年开始用 3～4 年的时间，在湖北全省建设 100 个现代农业产业园。其中，粮油、蔬菜、水果和茶叶产业园各 10 个，中药材产业园 5 个，畜禽产业园 15 个，水产产业园 10 个，农产品加工园 15 个，循环产业园、休闲农业园和创业创新园各 5 个。

截至 2019 年 12 月，全国共遴选出三批国家现代农业产业园，总数量达到114 个。湖北省潜江市现代农业产业园，在 2017 年 6 月我国首批现代农业产业园创建名单中榜上有名。

潜江是一个因虾闻名的小城，素有"小龙虾之乡""虾稻之乡"的美誉。2018年，全市虾稻产业产值达320亿元，围绕"做强一只虾、做优一袋米"，夯实乡村振兴和产业发展的基础。潜江市精心谋划，高起点建设国家现代农业产业园，探索出了一条一二三产业融合的乡村振兴之路。

2015年，全市小龙虾养殖面积2.33万公顷（其中，虾稻共作面积2.10万公顷，池塘养殖面积1 333公顷，莲藕混养面积1 000公顷），比2010年增加1.32万公顷；小龙虾产量5.40万吨，与2010年相比增加了2.89万吨；小龙虾养殖产值从2010年的3.7亿元增加到16.2亿元；小龙虾苗种产值达1.2亿元，加工产值达58亿元，出口创汇1.4亿美元；虾稻产量达19.53万吨；潜江市龙虾综合产值达150亿元，比2010年增加123.5亿元。小龙虾产业已成为潜江市农业经济的支柱产业，从事养殖、物流、加工、餐饮等服务行业就业人员7万人。2020年，湖北省潜江市虾稻共作面积达到85万亩，综合产值达到520亿元；潜江龙虾通过湖北全球推介活动走向世界；打通了直供北京通道，成为冬奥会小龙虾唯一供应地。

2012年，潜江龙虾获国家工商行政管理总局颁发的地理标志证明；2013年4月，农业部正式颁证授予潜江龙虾农产品地理标志产品称号；2017年，潜江龙虾（非活体）地理标志证明商标注册完成。潜江龙虾、潜江虾稻均成功注册国家地理标志证明商标，"潜江龙虾"成为中国驰名商标。2018年、2019年连续两年省政府工作报告提出支持潜江打造区域公用品牌，从做产品到做品牌，从商标授权到共享合作。2019年6月15日，武汉大学质量发展战略研究院、中华商标协会、《小康》杂志社联合发布：潜江龙虾区域公用品牌价值为203.7亿元，超过2018年位居全国水产品品牌价值榜榜首的江苏"盱眙龙虾"（当年估算其品牌价值为179.87亿元），品牌价值位列中国龙虾区域品牌第一名。

实施虾稻产业"走出去"战略。按照湖北省委、省政府的决策部署，全力推动"潜江龙虾"品牌向市外延伸，打破地域资源制约，加快打造"潜江龙虾"国家级品牌，不断满足庞大的市场需求，真正实现"潜江龙虾、世界共享"。"潜江龙虾"连续两年被写入了湖北省政府工作报告，2018年5月，在第二届中国（潜江）国际龙虾·虾稻产业博览会暨第九届湖北（潜江）龙虾节上，湖北省嘉鱼县、黄梅县、武穴市等8个县市与潜江签订了《共享"潜江龙虾"区域公用品牌合作协议》，实现"潜江龙虾"品牌及技术9地共用共享，湖北小龙虾区域公用品牌正式运营。与区域公用品牌一同上线的还有"潜江虾稻大数据中心""湖北小龙虾检测中心""湖北小龙虾交易中心"三大中心。2019年，潜江市委市政府提出了打造虾稻千亿特色产业的目标。

2019 年 3 月全国两会期间，潜江市市长因潜江龙虾学院首批毕业生"俏销"而登顶微博热搜榜；"五一"小长假 3 天，10 多万游客赴潜江品虾、钓虾、旅游；6 月，潜江龙虾"一节一会"期间，同时举办了潜江虾稻绿色发展交流会、小龙虾绿色发展交流会、经贸招商暨项目签约活动、文艺晚会、潜江龙虾—中国区域公用品牌论坛、潜江网络龙虾节启动仪式、章华台诗会、潜江龙虾名店名菜评选、"魅力虾乡"自驾文化旅游节等活动。

湖北小龙虾交易中心、湖北虾—稻大数据中心、湖北小龙虾产品检验检测中心、湖北小龙虾良种选育繁育中心、潜江龙虾精深加工中心、潜江龙虾文化创意中心六大中心的高效运营奠定了潜江龙虾的行业地位，在模式、技术、品质、种苗、市场、品牌方面领先。

通过推动龙虾产业链条向下游延伸，潜江市大力支持龙头企业发展精深加工产业，深度开发甲壳素、休闲食品等延伸产品，全面提升产业竞争力和产品附加值。同时，以"五个一"（一部广告片、一部动漫片、一部剧本、一部影视剧、一首歌）加强品牌宣传，不断提升品牌知名度和影响力。

潜江已经与湖北农谷电子商务有限公司、嘉鱼县水产局、黄梅县水产局、赤壁市水产局、武穴市水产局、通城县水产局、咸安区水产局、通山县水产局、崇阳县水产局等地区和单位签订了潜江龙虾品牌战略协议，并开展技术指导和跟踪服务工作。安徽、江西、湖南、江苏等 10 多个省上百个市县商谈将潜江模式带回当地。"十三五"期间，潜江再培养万名虾养殖师、万名龙虾烹虾师，在原有 3 000 家加盟店的基础上，再开 3 000 家潜江龙虾加盟店。

统一建设，统分结合。从 2001 年开始，潜江逐步发展起了"虾稻共作"的生产模式，通过建设现代农业产业园，创新探索出"统一建设，统分结合"的路子：将零散的农田建设成标准化基地，再返包合作社或村民生产经营；实行统一管理、分散经营、统分结合、合理分配的模式。通过基地改造，改善软硬件设施，明显提升了收益，极大地提高了农民的生产积极性。

2017 年，潜江市在渔洋镇、龙湾镇和熊口镇高标准建设了两万亩基地，每个基地都有合作社开展集中育秧、机械插秧、绿色防控和机收等社会化服务，形成"旱能灌、涝能排、田成方、树成行、路相通、渠相连"的高效生产、美丽宜居的全新格局，使"虾稻共作"模式成为现代农业"小粮仓、小银行、小水库和小肥厂"的四小典范，种稻养虾相得益彰。2018 年，标准化生产技术普及和合作社"保姆式"的服务，使产业园基地 3 098 户村民全部受益，亩产小龙虾 200 千克左右，优质稻谷 600 千克左右，亩均纯收入突破 4 000 元，高的甚至达到 8 000 元。同时，普遍实现减肥减药 40%～50%。

市场导向，打破常规。在成功实行虾稻共作模式的基础上，潜江市还开创性地探索出一季水稻两季小龙虾的生产模式。每年的 5 月是鲜活小龙虾销售的高峰季节；进入 9 月，很多地方的小龙虾已经销售完毕了，主要销售的是冷库冻虾产品，而潜江的第二季小龙虾是 4 月底 5 月初投苗，收获期可以持续到 12 月。一方面，第二季小龙虾的生长期与水稻同步，水稻给小龙虾提供了良好的天然栖息环境，小龙虾也在除虫除草方面大显身手，成为水稻提升品质的"黄金搭档"；另一方面，巧妙地填补了每年下半年的鲜活小龙虾市场空缺，从 2018 年的市场行情来看，相同品质的小龙虾，二季虾的价格约为一季虾的两到三倍。这个收获的时间差和价格差给虾农们带来巨大的经济效益。

发挥龙头企业的辐射和带动作用。产业园标准化基地建成后，没有参与返租倒包的农民，大部分就近到华山水产、昌贵水产等企业或村合作社就业，基本实现人人就业。龙头企业和新型农业经营主体与基地农民建立起"我搭台、你种地；我服务，你赚钱"的互利共赢关系。

"这两年，虾稻产业的经济效益、生态效益和社会效益凸显，全市掀起了大建基地、建大基地的热潮。通过政府引导、产业园创建、市场主导、农民参与，已建成标准化虾稻基地 70 多万亩，包括 13 个万亩连片基地和 65 个千亩以上基地。"潜江市现代农业产业园管委会主任、市农业局局长许志刚说。

生态龙虾城项目总投资 15 亿元，总建筑面积约为 560 000 平方米，项目以"潜江龙虾文化"为主题，集文化展示、生态旅游、龙虾美食、娱乐购物为一体，形成潜江首个生态文化旅游 CBD，以龙虾文化博物馆和申报吉尼斯世界纪录的龙虾雕塑广场为基地，极力打造展示潜江龙虾文化、荆楚文化、历史文化的文化产业示范区和文化展示基地。

在发展稻虾基地的同时，潜江现代农业产业园还努力扶大扶强加工企业，撬动社会资本，投资精深加工研发和技改扩规，提高农产品附加值。同时，建设了全国最大的小龙虾交易中心，年交易总量达 35 万吨，占全省 60% 以上。潜江龙虾从田间到工厂，变成原味虾、茴香虾、辣粉虾等系列产品，出口到欧美等 30 多个国家和地区。

通过产业园的创建，潜江市不断做大做强"虾稻共作"特色产业，培育农业农村发展新动能，形成了产业特色鲜明、要素高度聚集、设施装备先进、生产方式绿色的一二三产融合发展新格局，真正实现农民增收、农业增效、农村增绿，为乡村振兴注入新动能。

标准让潜江龙虾向千亿元产业迈进，产业发展到一定的程度和规模，需要打破地域界限，在更高平台实现自我突破。时任潜江市委书记说，聚焦打造"潜江龙虾"区域公用品牌和标准，加快推动潜江龙虾产业向千亿迈进。潜江市市长说，"潜江正实施产业'走出去'战略，着力推动潜江龙虾品牌和标准向市外延伸，提升潜江龙虾在全国的品牌号召力和引领力。潜江市在龙虾养殖、繁育、加工、冷链物流、餐饮技术上已经有 18 项标准，涵盖全产业链的小龙虾标准体系已初步形成，握有国内绝对话语权。

11.4　新会陈皮国家现代农业产业园发展情况介绍

新会，古称冈州，现为广东省江门市辖区，地处珠江三角洲西南部的银洲湖畔、潭江下游，东与中山、南与斗门相邻，北与江门、鹤山，西与开平，西南与台山接壤，濒临南海，毗邻港澳，陆地面积 1 355 平方千米，2020 年户籍人口 90.93 万人。新会属亚热带海洋性气候，土地肥沃，河网密布，物产丰饶，新会陈皮享誉全国。素有"葵乡""陈皮之乡""鱼米之乡"之称。

"一家一户搞种植，房前屋后搞生产"曾是新会陈皮产业的真实写照，但产品质量良莠不齐，农民议价能力不足，制约了产业的进一步发展。在2017 年新会陈皮现代农业产业园晋升"国字号"后，该区着力推动新会柑"大基地"建设，提升产业规模化、绿色标准化发展水平，这无疑为整个新会陈皮产业的高质量发展注入了全新的动力。2017 年 9 月，新会陈皮现代农业产业园成功入选第二批国家现代农业产业园创建名单，涵盖圭峰会城、三江镇和双水镇，自此，这片面积 64.5 万亩的园区建设便拉开了序幕。

江门市新会区以创建新会陈皮国家现代农业产业园为抓手，以"大基地"实现绿色优质高效生产，以"大加工"打通三产融合关键，以"大科技"推动产业高质量发展，以"大融合"培育全产业链新动能，以"大服务"推进"一门式"办理陈皮业务，朝着建成新时代"生产＋加工＋科技＋品牌"现代农业产业园格局稳步推进。

2018 年 11 月颁布的《广东省现代农业产业园建设指引（试行）》（以下简称《建设指引》），对广东省的现代农业产业园的建设规划在第三章"规划布局"中有着明确的指导意见，要求全面统筹布局生产加工、研发、示范、服务、旅游等功能板块，配套发展物流、电商等产业，并且清晰地要求园区应该完整配置现代种养区（产业园的基础区）、加工物流区（产业园核心区）、休闲农业区（产业园拓展区）、科技研发区（产业园发展支撑区）、双创孵化区（产业园发展动力区）和综合服务区（产业园发展的保障区）六大功能板块。

调研可知，在规划布局上，新会陈皮现代农业产业园贯彻落实了这一建设指引，并且根据地方发展实际和发展阶段，按照"一轴""两带""三基地""四中心""五园区"的大布局思路，全面构筑新会陈皮生态、健康、富民大农业产业格局，积极朝着打造"中国（百亿）陈皮之都·世界（千亿）陈皮中心"的目标努力。

此处的"一轴"特指陈皮产业文化创意与休闲体验轴；"两带"包括三江—会城—开发区核心加工带、双水—七堡岛大健康加工带；"三基地"涵盖会城核心种植基地、三江绿色种植基地、双水绿色种植基地;"四中心"包含陈皮文化博览中心、新会陈皮产业园管委会公共服务中心、陈皮种质资源保护中心、陈皮检验检测中心;"五园区"包括陈皮村三产融合园、丽宫研发加工园、新宝堂生物科技园、七堡研发加工园、小冈香陈皮文化创意园。

该区制定了《广东省江门市新会区(新会陈皮)现代农业产业园创建方案》《广东省江门市新会陈皮现代农业产业园中央财政奖补使用方案》《新会区促进招商引资支持经济转型发展的办法》《新会陈皮国家现代产业园促进产业绿色提质增效扶持办法》等系列政策办法,为"大基地"发展提供切实的政策支持。

2018年,园区新会柑种植面积8万多亩,比创建初期增加2万多亩,带动新会全区种植总面积达10万多亩;新会陈皮全产业产值达66亿元;吸引社会投资约30亿元,形成12家龙头企业,培育出"中国陈皮大健康产业第一股"(即新三板挂牌企业"丽宫食品");拥有超1000家经营主体,35类产品、超100个品种的产品规模,约3.5万人就业的产业集群,带动新会全区陈皮产业就业达5万人,实现农民人均增收1.88万元。

三产融合打造全产业链格局。新会陈皮产业的华丽蝶变,不止于简单意义上种植面积和产值的提升。一产种植基地,二产研发加工基地,三产交易与文化旅游基地,三产融合,是新会陈皮打造全产业链开发格局的钥匙。

作为三产融合的典范,陈皮村是新会陈皮产业的一张代表性名片。作为新会大型特色农产品商业文化综合体,陈皮村集陈皮交易、特色餐饮、休闲养生、文化旅游于一体,自2014年以来,年均游客接待量超过100万人次。江门市新会陈皮村市场股份有限公司董事长认为,陈皮村以文化旅游为抓手,基于此形成的"公司+基地+农户+金融+旅游+互联网"经营模式,真正实现了一二三产的全域融合,将推动更多农户参与分享产业增值收益。

近年来,新会区以"大加工"思路引领产业园建设,支持发展适合家庭农场和农民合作社经营的新会陈皮初加工,更推动产学研合作发力新会陈皮精深加工。2018年,新会区已形成包括陈皮饼、陈皮茶、陈皮酒、陈皮酱、陈皮保健品、陈皮调料、陈皮凉果系列产品在内的六大类、35细类、100余品种的加工产品规模。

在产业园的建设过程中,新会区始终秉承"农业现代化决不能以排斥小农户为代价,必须要让农民分享到新会陈皮现代农业产业园的发展成果"的指导思想;新会区在探索建设现代农业产业园的进程中,立足共享发展理念,着力构建小农户与现代农业深度融合和有效对接的体制机制、实现途径,坚持为农、贴农、惠农,完善利益联结机制,带动农民就业增收,让农民分享产业园发展成果。

大谋新，从不足 300 万元到破 66 亿元的跨越。1996 年，新会陈皮产业产值还不足 300 万元，2000 年以来发展迅猛，到 2018 年已突破 66 亿元。新会陈皮产业产值几何式的增长，背后是无数"陈皮人"的探索和谋新：新会区人民政府与我国现代农业（柑橘）产业技术体系首席科学家邓秀新及其团队达成共识，建立新会陈皮特色柑橘产业院士工作站；陈皮村与广东省农业科学院、湖南省农科院联合组建了广东新会陈皮研究院；陈皮村与丽宫国际联合成立江门市丽宫陈皮研究院，与中国热带农业科学院、华南农业大学合作，助力陈皮加工科技创新与成果转化；新宝堂携手蔡英杰教授，成立新会柑酵素研发中心，与中国药科大学、广州医科大学、广东省中医院等多家高校和机构共建研究中心，促进陈皮产业向医药和保健食品方向发展。

新会区投入约 1.32 亿元用于全产业链科研，培养农村实用人才 5 000 多人，已建成 2 个院士站、1 个博士后工作站、8 个与陈皮相关的研究院、20 个产学研合作基地，与中山大学等 30 多家科研院校开展合作，获得 30 多项科研专利、发表论文超 250 篇。

完善相关标准，建设溯源体系。为了让消费者购买到真正的新会陈皮，新会区大力推动农产品溯源体系和大数据平台建设，明确每一块新会陈皮的"身份信息"。新会区着力从种植、加工和销售等方面完善新会陈皮产业标准体系，建立规划面积 3 369 亩的新会柑（陈皮）种植永久保护地，创建总面积近 1 万亩的新会陈皮 GAP（good agriculture practices，良好农业规范）示范基地，成立广东省新会柑标准化示范区和国家柑橘栽培综合标准化示范区，制定并颁布广东省地方标准《地理标志产品新会柑》《地理标志产品新会陈皮》《新会陈皮普洱茶》等 8 项联盟标准，76 家企业通过国家质量监督检验检疫总局核准使用地理标志产品保护专用标志。

建设大数据平台，实现全产业链监管。2018 年 10 月，新会区完成了对全区 6 600 多户经营主体的数据采集工作，随后与中国电信合作建设了新会陈皮产业园智慧农业大数据平台，把全产业链监管体系延伸至仓储、物流、销售、金融等流通领域，目标是实现产业全程智能化信息化和大数据管理，确保新会陈皮品质，提升陈皮品牌价值。

新会陈皮产业智慧农业大数据平台（以下也称为项目）是广东省第一个聚焦本地特色农产品产业的大数据平台，也是广东省第一个现代农业产业园信息化项目，基于全区新会柑种植情况摸查的数据采集，利用大数据进行数据分析，形成新会全区的陈皮产业数据"一张网"，主要体现在三个方面：首先，生产与销售有机联动，通过对新会柑种植、加工数据的分析与预测，以及市场销售数据的趋势分析，以市场需求为驱动，合理分配生产、加工产能。其次，过程全程追溯，通过全程智能化管理和物联网监控信息化技术，实现从农田生产到加工直至销售的全过程信息可追溯，精准监管溯源码的发放过程，有效降低外地陈皮"以次充好"的市场风险，有效保护新会陈皮的区域品牌。最后，生产过程标准化，平台围绕国际化标准，对茶枝柑的种植、加工及仓储设立严格细致的生产标准，改变过往生产门槛低、不规范的局面，提升新会陈皮产业的整体质量。

该项目是一个"咨询＋平台实施＋平台运营"一体化的项目，平台助力新会陈皮现代农业产业园顺利通过了农业农村部第二批国家现代农业产业园的验收。目前，全区产业链产值达60亿元，新会陈皮品牌价值约89亿元，在中国区域农业品牌研究中心发布的"2018中国区域农业品牌影响力排行榜"中位居中药材第四名，成为广东唯一上榜的区域农业产业品牌。

农村金融支持，从小农种植走向规模耕种，从作坊式加工走向工业化生产，从单一农业走向产业融合，新会陈皮产业的转型路之路少不了金融的支持。2016年6月，新会区人民政府与中国农业银行合作创新推出"陈皮贷"，截至2019年7月末，农业银行江门分行已累计发放"陈皮贷"345户、3.24亿元，为新会陈皮产业发展注入了新鲜血液。

第12章 现代农业企业及代表性龙头企业案例分析

12.1 现代农业企业的定义及类型

在现代农业产业的建设过程中，由于各地农业生态类型、自然资源条件和社会条件的差异，在现代农业的建设和运作上，各地有着不同的探索。但是有一个共性的特点越来越被人们认同，即现代农业产业的发展离不开农业龙头企业的带动作用。国内现代农业产业建设比较好的地区或者产业园，基本上都有区域性的农业龙头企业。

本章介绍代表性龙头企业带动型的现代农业产业开发模式，以及介绍代表性全产业链农业龙头企业的运营经验，以期为韶关地区的各级农业龙头企业提供一些参考性的经验。

龙头企业带动型的现代农业开发模式，是指由龙头企业作为现代农业开发和经营主体，本着自愿、有偿、规范、有序的原则，采用"公司＋基地＋农户"的产业化组织形式，向农民租赁土地使用权，将大量分散在农民手中的土地纳入企业的经营开发活动。

在现代农业产业发展的进程中，有足够的经济、科研和运营实力，能够起到带动和辐射效果的重要经营主体是龙头现代农业企业。当前，农业产业化龙头企业已经成为中国农业产业化经营的一种基本形式。在不改变家庭联产承包责任制的条件下，通过与农户建立契约关系，将一家一户分散经营的农户组织起来，实现区域化布局、专业化生产和一体化经营，为深化农业经济体制改革，解决生产、加工、销售相脱节，农户小生产和消费大市场相矛盾的状况提供一条切实可行的途径。现代农业企业的类型主要分为三大类，一是农业全产业链企业，二是农业供应链服务企业，三是农产品流通类企业。

农业全产业链企业是以消费者为导向，从产业链源头做起，对种植与采购、贸易及物流、食品原料和饲料原料的加工、养殖屠宰、食品加工、分销及物流、品牌推广、食品销售等每个环节，实现食品安全可追溯，形成安全、营养、健康的食品供应全过程高度掌控的企业。

农业供应链服务企业是"互联网＋现代农业"背景下发展的农业企业新类

型，目的是解决农业供应链产生的问题，提供互联网金融、农业大数据、商品流通等服务。

农产品流通类企业是打造农产品流通的生力军，实现上下游资源的良好整合。

12.2 代表性全产业链农业龙头企业案例分析——温氏集团

12.2.1 温氏集团简介

温氏食品集团股份有限公司（简称温氏集团），创立于 1983 年，现已发展成一家以畜禽养殖为主业、配套相关业务的跨地区现代农牧企业集团。2015年 11 月 2 日，温氏集团在深交所挂牌上市（股票代码：300498）。截至 2018年 12 月 31 日，温氏集团已在全国 20 多个省（区市）拥有 270 多家控股公司、5 万户合作家庭农场。2018 年，温氏集团上市肉猪 2 229.7 万头、肉鸡 7.48亿只，实现营业收入 572.36 亿元。温氏集团现为农业产业化国家重点龙头企业、创新型企业，组建有国家生猪种业工程技术研究中心、国家企业技术中心、博士后科研工作站、农业部重点实验室等重要科研平台，拥有一支20 多名行业专家、69 名博士为研发带头人，614 名硕士为研发骨干的高素质科技人才队伍。温氏集团掌握畜禽育种、饲料营养、疫病防治等方面的关键核心技术，拥有多项国内外先进的育种技术，现有国家畜禽新品种 9 个，获得省部级以上科技奖励 58 项。据其官网披露，温氏集团及下属控股公司已获得专利 364 项，其中发明专利 124 项（用于分析的具体数据以检索结果为准）。

12.2.2 温氏集团模式

温氏集团首创了"公司＋农户"的发展模式，成为中国畜牧业的典范模式。董事长温志芬优化并发展了这一模式，将之升级为"公司＋家庭农场""公司＋养殖小区＋农户"等现代产业化发展模式。以产业发展为引擎、人才培育为先导、闭环产业链为基础、风险防御机制为后盾，温氏集团在全国20 多个省（自治区、直辖市）设立 270 多家公司，让农户真正成了新型职业农民。作为农牧企业龙头，温志芬把积极参与精准扶贫视为应尽之义、必做之事。他积极响应国家扶贫攻坚号召，推动云浮乡村振兴走在广东省前列，更好地服务全省乃至全国，使温氏集团模式为各地乡村振兴可复制、借鉴的发展经验。针对脱贫攻坚难点，建立了多管齐下、因地制宜的脱贫支持体系，实实在在帮助贫困农户走上致富道路。温氏集团于 2010 年 10 月实施"养殖户效率效益倍增计划"，向合作农户提供巨额无息垫资款，合作农户总收入从

2011年的31亿元增长到2018年的81.47亿元，数十万农民实实在在从企业得到实惠。

紧随新时代温氏集团形成新理念、新机制，这些新理念、新机制是温氏集团经管思想中的精髓。温氏集团优化生产、经营、管理、治理等多个层面，形成一整套先进的现代企业管理思想；面对前所未有的行业挑战，调整策略，内化梳理流程提升效率，外化打好经营技巧牌，各业务迈上新台阶；秉持共创共享、先创后享理念，持续创业热情高涨；推进传统养殖业转型升级战略，从养殖端向食品端转型，以掌握渠道，直配终端为目标，打造从农场到餐桌全产业链；善用信息化技术，将"互联网＋"逐步打造成为新的核心竞争优势；顶层设计建立了内压机制与科学评价体系；坚持效率优先概念；推动建立的企业组织与机制创新，使年轻有为人才走上关键岗位。

在模式驱动、文化驱动、科技驱动三大驱动力之外，温志芬提出资本驱动理念，成立了投资管理事业部和财务公司板块，开展了一系列资本运作，取得行业瞩目的成绩，初步形成一个产业链生态圈。他还提出了温氏生态圈概念——消费者、客户、经销商、投资者、合作家庭农场主都是生态圈的一部分，目标是实现最大的效率协同，实现共同受益。

12.2.3　温氏集团相关产业链

温氏集团具有金融投资、农牧设备制造、生物制药、畜禽繁育、畜禽养殖、食品加工和生鲜营销七大产业模块所构成的完整产业链（图12-1）。

图12-1　温氏食品集团股份有限公司主营产业链示意

温氏集团的金融投资业务涵盖股权投资、证券投资、金融资产投资、发起设立股权投资基金/产业投资基金及固定收益类理财等，形成了一级、一级半、二级市场联动的完整产业链发展模式。凭借在创投领域的杰出表现，温氏集团在清科集团、投中集团、融资中国、证券时报等机构举办的创投机构综合排名中连续多年位居前列，先后荣获融资中国"2018年度中国最佳私募股权投资机构TOP100（前30强）"、融资中国"2017—2018年度中国农业产业最佳投资机构 TOP5"、清科"2018 年中国现代农业领域股权投资机构 20 强"、2018 年"金牛私募股权投资机构"等。

温氏集团的农牧设备制造业务整合全球畜牧设备资源,探索适合本土化的工厂化猪场建设方案,为客户提供养殖场规划设计、土建工程、设备制造与采购、物联网环境控制、环保处理、养殖等服务,打造高质的 EPC 工程;开发出养殖栏架、禽类养殖设备、养殖场易耗品、自动清粪系统、自动喂料系统、自动环境控制系统、智能化母猪饲养管理系统等系列产品。

温氏集团生物制药业务包括兽用生物制品、兽用药物制剂和饲料添加剂三大业务,拥有四个具有国际先进技术水平的生产基地——广东省肇庆国家高新区、云浮市新兴县温氏科技园、新兴县新成工业园、佛山三水区,有近 40 条通过国家农业主管部门验收的 GMP 生产线,以及年产 120 万枚 SPF(specific pathogen free,无特定病原体)种蛋的实验动物中心。生物制品主要包括禽流感疫苗、蓝耳病疫苗、球虫疫苗、水产疫苗等一系列具有国际影响力的产品;兽用药物制剂主要包括抗菌药、营养药、杀虫消毒药及中药四大系列产品;饲料添加剂主要包括天然植物及其提取物、酶与微生态制剂、矿物质类、维生素类等多功能饲料添加剂及发酵豆粕。

温氏集团畜禽繁育业务包含鸡、猪、鸭、鹅、鸽等品种,建立了完善的育种技术体系和丰富的品种素材库,旗下单位入选国家肉鸡核心育种场、国家肉鸡良种扩繁推广基地、国家动物疫病净化创建场、国家研发计划项目示范种禽场、国家生猪核心育种场。自主选育的新兴矮脚黄鸡、新兴黄鸡 2 号、新兴竹丝鸡 3 号、新兴麻鸡 4 号、天露黑鸡、天露黄鸡、温氏青脚麻鸡 2 号 7 个家禽品种配套系获得国家畜禽品种审定认证;华农温氏 1 号猪配套系、温氏WS501 猪配套系两个瘦肉型猪配套系获得国家畜禽品种审定认证。

温氏集团畜禽养殖业务以养猪、养鸡为主,养牛、养鸭、养鸽等为辅,主要采用"公司＋家庭农场"模式,实行产业链全程管理的一条龙生产经营模式。温氏集团养猪业在国内占有相对较大市场份额,以华农温氏 1 号猪配套系和温氏 WS501 猪配套系等为主要经营品种,辅以天露黑猪为特色经营品种。温氏集团养鸡业以矮脚黄鸡、天露黄鸡、天露麻鸡、青脚麻鸡、温氏乌骨鸡为主要经营品种,以御品 180、江西鸡、文昌鸡等为特色经营品种。

温氏集团食品加工业务包含畜禽屠宰深加工和乳品加工,沿用传统制作工艺,引进具有国际先进水平的生产线,工艺流程经过层层把关,传统的美味与现代化的生产相结合,严格按照食品标准进行加工,实行规范生产、冷链运输、冷链销售的现代化生产物流配送模式。秉承"温氏食品,自然好品质"的品质理念,原料优选,由供港出口备案厂屠宰,由通过 ISO 22000 食品安全管理体系认证、获得出口食品生产备案证明的加工厂现宰现烹、低温慢煮,确保从农场到餐桌自然、美味、安心。形成了以土肴鸡等五大熟食整鸡系列为主导产品，方便菜、休闲副食等为辅的创新产品体系。

温氏集团乳业秉承"供港品质、点滴安心"的品质理念，采用高品质供港标准、出口认证的新鲜牛奶为原料，通过国际先进的巴氏杀菌等工艺，充分保留了牛奶的营养与天然风味，口感香甜醇滑、风味佳。产品涵盖巴氏杀菌乳、风味发酵乳、灭菌乳等五大类型，有近 20 个牛奶品种。

温氏集团生鲜营销业务以温氏集团旗下的生鲜肉类食品及其加工制品为主，包括鸡、猪、鸭、鸽、奶、蛋、熟食鸡、腊味等系列产品。以提供从农场到餐桌全程监管、无缝对接的食品为核心价值，以"温氏食品，自然好品质"为品牌理念，建立畜禽养殖—屠宰加工—中央仓储—物流配送—连锁门店的新型食品连锁经营模式，旨在打造中国生鲜食品连锁领航者品牌。

12.3　温氏集团专利情况分析

本节对温氏集团相关专利进行分析，对专利申请情况进行检索，共得到结果 768 件。

12.3.1　专利数据分布的情况、类型与比例

截至 2020 年 4 月 4 日，温氏集团所有专利中，专利申请有 768 件，其中有 354 件授权专利，专利授权比例达到 46.09%，其中有效专利量 393 件，有效专利比例为 51.17%，统计数据见表 12-1。温氏集团的专利以发明专利申请（414 件）为主，也反映了集团的技术研发实力及在技术创新性上的不断追求。本节基于有关数据，围绕温氏集团的专利申请趋势、技术结构等几个方面，对其专利申请进行分析。

表 12-1　截至 2020 年 4 月 4 日温氏集团相关专利的基础数据

类别	申请量（件）	授权量（件）	授权比例（%）	有效量（件）	有效比例（%）
数量	768	354	46.09	393	51.17

12.3.2　温氏集团的专利申请趋势

按照申请年统计分析温氏集团的专利申请趋势，得到温氏集团获授权相关专利的年申请量分布及趋势分析图，如图 12-2 所示。从图可以看出，温氏集团的首篇专利于 2006 年产生，专利类型为发明专利，主题为一种抗流感及禽流感病毒药物帕拉米韦的合成方法。该专利以华南农业大学和广东温氏集团作

为共同申请人。由此可见，温氏集团在畜牧兽医领域具有深厚的技术背景和强有力的科技力量支撑。2008 年和 2009 年，温氏集团又申请了 5 件发明专利和 2 件实用新型专利，这些申请专利与动物饲养、疫病防治有关，可见温氏集团在畜牧兽医领域的深厚积累。获授权的 2 件实用新型专利持续维持专利权有效直至专利权保护期满，这也表明温氏集团对专利保护的重视程度。自 2010 年起，温氏集团的发明专利申请量已经超过 10 件，表明集团不断加强技术研发。2012 年之后，专利数量出现跃升，呈不断增长的趋势，有关专利遍布农业实时监控、动物疫病防治、现代养殖、食品精深加工、农产品质量安全监控、畜牧设备研发等多个领域。

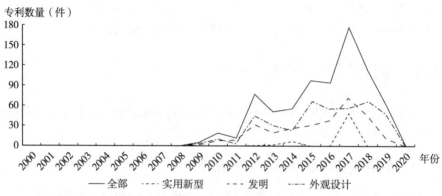

图 12-2　温氏集团获授权相关专利的年申请量分布及趋势分析

12.3.3　温氏集团有关专利的产业构成分析

温氏集团相关专利在国民经济大类中的分布如图 12-3 所示，其中分布最多的技术领域是专用设备制造业，在该领域共申请专利 294 件（占比为 21.15%）。具体包括动物饲养专用设备、禽类自动喂养设备、动物疾病防治设备、专用测量设备等。温氏集团在技术领域中医药制造业专利占比为 16.04%，专利包括针对非洲猪瘟的药品和设备、鸡鸭等禽类疾病检测和防治专用疫苗及制备方法等。温氏集团在技术领域中仪器仪表制造业专利占比为 10.86%，专利包括动物饲养实时监控专用仪表、无线监测系统、消毒系统等。温氏集团在技术领域中其他制造业专利占比为 8.85%，专利包括饲料车、产蛋装置、猪舍送风装置等不便于归类的技术等。温氏集团在技术领域中化学原料和化学制品制造业专利占比为 7.27%，专利包括用于禽舍等消毒的消毒品、医用化学品及农产品消毒用的药品等。温氏集团在技术领域中金属制品、机械和设备修理业专利占比为 5.25%，专利包括饲养生产线、养殖装置和设备等。

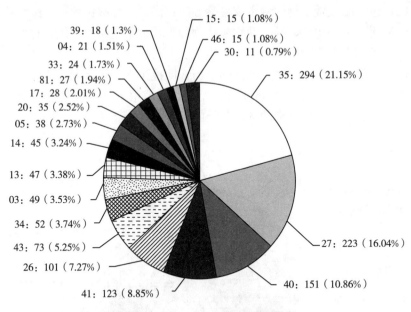

35：专用设备制造业　　　41：其他制造业
27：医药制造业　　　　　26：化学原料和化学制品制造业
40：仪器仪表制造业　　　43：金属制品、机械和设备修理业

图 12-3　温氏集团相关专利产业大类分布分析

12.3.4　温氏集团有关专利技术领域构成分析

　　依据温氏集团相关专利的主 IPC 大组分类号，做出其排名前 10 的细分技术构成分析图（图 12-4），依据 IPC 小组分类号，做出其排名前 20 的细分技术构成分析图（图 12-5）。温氏集团有关专利的技术点：牲畜家禽养殖等生物遗传工程领域，如突变或遗传工程；遗传工程涉及的 DNA 或 RNA，载体；

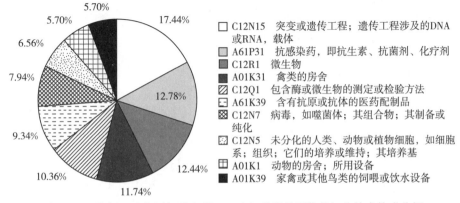

图 12-4　依据温氏集团相关专利 IPC 大组分类号所作的细分技术构成分析

微生物；包含酶或微生物的测定或检验方法；病毒，如噬菌体；其组合物；其制备或纯化；未分化的人类、动物或植物细胞，如细胞系；组织；它们的培养或维持；其培养基等（C12N15、C12R1、C12Q1、C12N7、C12N5）。用于动物疾病防治的有关药品领域，如抗感染药，即抗生素、抗菌剂、化疗剂；含有抗原或抗体的医药配置品（A61P31、A61K39）。用于牲畜或禽类动物饲养的专用设备领域，如养殖脊椎动物；禽类的房舍。

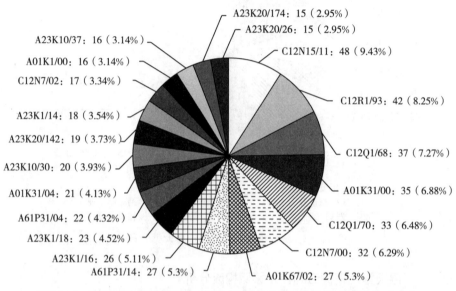

图 12 - 5　依据温氏集团相关专利 IPC 小组分类号所作的细分技术构成分析

第 13 章　中国高强度专利解析

本章利用 INNOGRAPHY 系统，将 5 个技术方向上前 20 名申请人的中国专利申请进行专利强度分析，按照专利强度从 1 到 10 进行打分评级。综合5 个技术方向分别评估，同时经过人工去噪，高于 5 分的高强度专利申请共有570 件，各个技术方向上的数量分布及占比见表 13-1。

表 13-1　中国高强度专利各技术方向数量分布及占比

技术方向	专利申请量（件）	占比（%）	排名
农业实时监控技术	56	9.82	4
农业可变速率技术	278	48.77	1
农业图像识别技术	107	18.77	2
农业无人机应用技术	76	13.33	3
农产品质量安全、防伪及产地溯源技术	53	9.30	5

本章将从高强度地域分布、高强度专利权人分布和高强度最新法律信息三个维度对 570 件专利进行分析，对高强度中国专利申请的技术来源国家或地区、权利人的相关信息和专利的最新法律信息进行说明。

13.1　高强度专利地域分布分析

高强度中国专利申请主要技术来源地为中国，其余依次为美国、英国、日本、中国台湾、丹麦、中国香港。其中中国占比为 96.49%，美国占比为1.58%，其他国家占比合计约 2%。由此可以看到，在现代农业技术领域中比较重视中国市场的外国申请人中，美国、日本和英国是最多的。

表 13-2　中国高强度专利技术来源国家或地区分布

技术方向	技术来源国家（地区）							
	中国	美国	日本	英国	韩国	中国台湾	丹麦	中国香港
农业实时监控技术	43	6	2	2	1	2	1	0
农业可变速率技术	278	—	—	—	—	—	—	—

（续）

技术方向	技术来源国家（地区）							
	中国	美国	日本	英国	韩国	中国台湾	丹麦	中国香港
农业图像识别技术	107	—	—	—	—	—	—	—
农业无人机应用技术	70	3	—	2	—	—	1	—
农产品质量安全、防伪及产地溯源技术	52	—	—	—	—	—	—	1
合计	550	9	2	4	1	2	2	1

13.2 高强度专利专利权人分布分析

各个技术方向上的专利权人持有专利数量及排名情况，详见表 13-3 至表 13-7。

13.2.1 农业实时监控技术

在农业实时监控技术方向，中国高强度专利申请人按照申请量进行排序，列出排在前 10 位的申请人。

前 10 位的专利权人全都来自中国的高校科研院所，其中拥有专利数量最多的是北京农业信息技术研究中心（7 件）。高校主要是农业类院校。此外，江苏大学（3 件）和浙江大学（3 件）排名也比较靠前。

专利申请量占有绝对优势的是中国农业大学（6 件），但是北京农业信息技术研究中心在高强度专利的数量上略占优势。

表 13-3 农业实时监控技术中国高强度专利原始专利权人前 10 位

单位：件

排名	原始专利权人	专利数量
1	北京农业信息技术研究中心	7
2	中国农业大学	6
3	中国农业科学院农业信息研究所	5
4	南京农业大学	4
5	华南农业大学	3
6	江苏大学	3
7	浙江大学	3
8	北京农业智能装备技术研究中心	2
9	安徽农业大学	2
10	山东农业大学	2

13.2.2　农业可变速率技术

在农业可变速率技术方面，中国高强度专利主要集中在农作物的水、肥、药精准施用技术和设施领域，排名第一的是中国农业科学院农田灌溉研究所（48 件），其次是中国农业大学（28 件）。其余的原始专利权人也都是高校科研院所。

表 13 - 4　农业可变速率技术中国高强度专利原始专利权人前 10 位

单位：件

排名	原始专利权人	专利数量
1	中国农业科学院农田灌溉研究所	48
2	中国农业大学	28
3	江苏大学	23
4	昆明理工大学	19
5	西北农林科技大学	11
6	山东农业大学	10
7	河海大学	9
8	石河子大学	8
9	中国农业科学院农业资源与农业区划研究所	7
10	北京农业智能装备技术研究中心	7

13.2.3　农业图像识别技术

在农业图像识别技术方面，高强度专利的原始专利权人都是高校科研院所。排名第一的是中国农业大学（19 件），科研院所中排名第一的是北京农业信息技术研究所（12 件）。

表 13 - 5　农业图像识别技术中国高强度专利原始专利权人前 10 位

单位：件

排名	原始专利权人	专利数量
1	中国农业大学	19
2	西安电子科技大学	15
3	江苏大学	14
4	北京农业信息技术研究中心	12
5	浙江大学	8
6	中国科学院合肥物质科学研究院	7

（续）

排名	原始专利权人	专利数量
7	华南农业大学	7
8	中国科学院遥感与数字地球研究所	6
9	北京师范大学	6
10	西北农林科技大学	5

13.2.4 农业无人机应用技术

在农业无人机应用控制技术方面，中国高强度专利的原始专利权人中，企业占了绝大部分。其中，深圳市大疆创新科技有限公司位列第一（7件），广州极飞科技有限公司名列第二（4件），并且前3位都是广东省内的企业。此外，上海的实力也较强，有三家企业和一所高校进入了前10位。可见，此类有一定的技术门槛，市场前景好，发展潜力大，能够带来较好经济效益的技术，十分受高新技术企业的青睐。企业参与到科技研发的队伍中，显示出了强大的研发实力。

表 13-6 农业无人机应用控技术中国高强度专利原始专利权人前 10 位

单位：件

排名	原始专利权人	专利数量
1	深圳市大疆创新科技有限公司	7
2	广州极飞科技有限公司	4
3	珠海羽人飞行器有限公司	3
4	上海拓攻机器人有限公司	2
5	天津寰宇地理信息有限公司	2
6	成都好飞机器人科技有限公司	2
7	JMY 投资有限公司	1
8	上海丰凸通讯科技有限公司	1
9	上海土是宝农业科技有限公司	1
10	上海大学	1

13.2.5 农产品质量安全、防伪及产地溯源技术

在农产品质量安全、防伪及产地溯源技术方面，中国高强度专利原始专利权人前10位中，有七家企业、两家科研院所和一位个人。排名第一的是上海

唯链信息科技有限公司（2 件）和信码互通（北京）科技有限公司（2 件），但是各专利权人的专利数量都较少。这个结果与本技术方向的研究和专利布局近几年刚起步，以及市场化应用程度较高、企业研发参与较为积极有关。

表 13 - 7　农产品质量安全、防伪及产地溯源技术中国高强度专利原始专利权人前 10 位

单位：件

排名	原始专利权人	专利数量
1	上海唯链信息科技有限公司	2
2	信码互通（北京）科技有限公司	2
3	张晋	2
4	上海多利农业发展有限公司	1
5	上海孚恩电子科技有限公司	1
6	上海绿度信息科技股份有限公司	1
7	中国农业科学院农田灌溉研究所	1
8	中国科学院合肥物质科学研究院	1
9	中国联合网络通信有限公司广东省分公司	1
10	云南倚天绿色能源科技集团有限公司	1

13.3　高强度专利最新法律信息及发明人信息分析

高强度中国专利的最新法律信息详见表 13 - 8（截至检索日期 2020 年 4 月 5 日）。各个技术方向上的发明人排名情况见表 13 - 9 至表 13 - 13。

表 13 - 8　高强度中国专利最新法律信息汇总

单位：件

技术方向	最新法律状态											
	审查	撤回	授权	驳回	变更	许可	转让	放弃	欠费	中止	到期	申请
农业实时监控技术	23	13	19	5	1	0	0	2	1	1	1	0
农业可变速率技术	0	24	41	18	1	1	1	14	97	46	35	0
农业图像识别技术	8	8	79	1	0	0	1	0	8	2	0	0
农业无人机应用技术	40	11	8	0	9	0	2	4	0	0	0	2
农产品质量安全、防伪及产地溯源技术	29	14	6	2	1	1	0	1	0	0	0	0
合计	100	70	153	26	12	2	4	21	106	49	36	2

13.3.1 农业实时监控技术

在农业实时监控技术方面，中国高强度专利发明人前 10 位中，第一名为中国农业科学院农业信息研究所的李哲敏，有 3 件专利，专利名称为农田检测系统、地空一体化农业监测系统及方法和基于物联网的奶牛场无线监测系统。主要技术点：利用空中监测装置（如无人机）和监控终端无线连接实现大范围的无人值守农田的智能监测与预警；利用无源电子标签（RFID）技术，基于物联网用传感器和 Zigbee 无线通信技术的融合应用，实现畜牧业生产的畜牧业生产自动化、网络化和智能化。

位列第二名的是浙江大学的何勇和刘飞，两件专利为基于无人机遥感的果园病虫害普查系统和方法与田间作物信息采集装置。主要技术点：基于无人机遥感的果园病虫害普查系统和方法；带机械臂、光谱仪和图像采集装置等部件的可灵活移动的田间作物信息采集装置。

并列第二名的是华南农业大学发明人周志艳、罗锡文、宋灿灿等，专利名称为基于无线传感网的无人机水产养殖精准投料作业系统及方法、测量静电喷雾雾滴荷质比的装置。

并列第二名的是南京农业大学发明人徐志刚，专利名称为室内植物栽培系统、基于 WSN 技术的密闭型智能植物工厂监控管理系统。关键技术点：能够为室内栽培植物根系营造适宜的气液环境的系统；基于无线传感技术实现远程密闭型智能植物工厂监控管理系统。

并列第二名的是中国农业大学发明人李振波，专利名称为水生动物行为监测传感器、预防南美白对虾养殖水体富营养化的视频监控装置。主要应用的领域是水产养殖行业。

位列第九名的是北京农业信息技术研究中心的朱华吉和吴华瑞。专利名称为农田重金属污染在线监测预警与实时处理系统。关键技术点：农田重金属污染在线监测预警与实时处理系统。

表 13 - 9　农业实时监控技术中国高强度专利发明人前 10 位

单位：件

排名	发明人	专利数量
1	李哲敏 中国农业科学院农业信息研究所	3
2	何勇、刘飞 浙江大学	2

（续）

排名	发明人	专利数量
2	周志艳、罗锡文、宋灿灿等 华南农业大学	2
2	徐志刚 南京农业大学	2
2	李振波 中国农业大学	2
9	朱华吉、吴华瑞 北京农业信息技术研究中心	1

13.3.2　农业可变速率技术

在农业可变速率技术方面，中国高强度专利发明人前 10 位中，前 3 位都是中国农业科学院农田灌溉研究所的。主要发明人为高胜国、黄修桥和高任翔，各有专利 36 件、16 件、13 件。专利申请主要围绕地下滴灌系统的设施及关键零部件，地下滴灌的控制系统，农田自动灌排系统，脉冲滴灌技术等几个方面布局。

位列第四名的江苏大学发明人王新坤，共有 10 件专利，专利申请主要围绕的技术是滴灌设施或控制系统、水肥一体化灌溉装置、射流震荡滴灌技术。全部专利均已失效。

位列第五名的昆明理工大学发明人杨启良，共有 8 件专利，专利申请的主要技术围绕的是滴灌或地下微灌的灌溉设施或控制系统。全部专利均已失效。

表 13-10　农业可变速率技术中国高强度专利发明人前 10 位

单位：件

排名	发明人	专利数量
1	高胜国 中国农业科学院农田灌溉研究所	36
2	黄修桥 中国农业科学院农田灌溉研究所	16
3	高任翔 中国农业科学院农田灌溉研究所	13
4	王新坤 江苏大学	10

（续）

排名	发明人	专利数量
5	杨启良 昆明理工大学	8
5	齐亚峰 昆明理工大学	8
7	严海军 中国农业大学	6
7	朱德兰 西北农林科技大学	6
9	冯俊杰 中国农业科学院农田灌溉研究所	5
9	康绍忠 中国农业大学	5

13.3.3 农业图像识别技术

在农业图像识别技术方面，中国高强度专利发明人前 10 位中，排名第一的是西安电子科技大学的发明人焦李成，焦李成院士及其团队在前 10 位中占 5 席，他本人名下高强度专利共有 11 件。江苏大学发明人毛罕平以 10 件专利位列第二，其余还有张晓东、左志宇分列第三和第六位。中国科学院合肥物质科学研究院的李瑞和王儒敬也进入前 10 位。西安电子科技大学在农业图像识别技术方面的专利申请总量虽进入前 10 位，但总体排名是中间靠后的。江苏大学农业图像识别技术方面的专利申请总量排名第二，其中高强度专利的数量也具有优势，可以说明其在专利布局的时候数量和质量并重。

表 13-11　农业图像识别技术中国高强度专利发明人前 10 位

单位：件

排名	发明人	专利数量
1	焦李成 西安电子科技大学	11
2	毛罕平 江苏大学	10
3	侯彪 西安电子科技大学	9

（续）

排名	发明人	专利数量
3	张晓东 江苏大学	9
3	马文萍 西安电子科技大学	9
6	左志宇 江苏大学	7
6	杨淑媛 西安电子科技大学	7
8	李瑞 中国科学院合肥物质科学研究院	6
8	王儒敬 中国科学院合肥物质科学研究院	6
8	王爽 西安电子科技大学	6

13.3.4　农业无人机应用技术

在农业无人机应用技术方面，中国高强度专利发明人前 10 位中，深圳市大疆创新科技有限公司的发明人有 3 位，分别位于第二名和第三名，合计申请专利 7 件。第一名为珠海羽人飞行器有限公司的发明人陈博，名下有专利 4 件。所有高强度专利的发明人都来自企业，并且大部分来自广东省。这说明广东的企业在农业无人机应用技术方面的研发实力在全国据领先位置。

此外，还有来自上海、成都和天津的发明人也进入了前 10 位。

表 13 - 12　农业无人机应用控技术中国高强度专利发明人前 10 位

单位：件

排名	发明人	专利数量
1	陈博 珠海羽人飞行器有限公司	4
2	吴旭民 深圳市大疆创新科技有限公司	3
3	徐节文 深圳市大疆创新科技有限公司	2

（续）

排名	发明人	专利数量
3	吴晓龙 深圳市大疆创新科技有限公司	2
3	代双亮 广州极飞科技有限公司	2
3	彭斌 广州极飞科技有限公司	2
3	尹亮亮、张羽 上海拓攻机器人有限公司	2
3	太鹤山 珠海羽人飞行器有限公司	2
3	仇殿辰 成都好飞机器人科技有限公司	2
3	李俊杰 天津寰宇地理信息有限公司	2

13.3.5 农产品质量安全、防伪及产地溯源技术

在农产品质量安全、防伪及产地溯源技术方面，中国高强度专利的分布非常分散，各个发明人名下的专利数量差别很小。排名第一的有信码互通（北京）科技有限公司的发明人吴林、崔征和上海唯链信息科技有限公司的陆杨。吴林和崔征的专利是基于区块链技术的奶源认证和有机农业认证追溯系统。

上海唯链信息科技有限公司陆扬的专利是基于二维码扫描识别技术的溯源和防伪装置。

表 13-13 农产品质量安全、防伪及产地溯源技术中国高强度专利发明人前 10 位

单位：件

排名	发明人	专利数量
1	吴林、崔征 信码互通（北京）科技有限公司	2
1	陆扬 上海唯链信息科技有限公司	2
3	张晋 个人	2

（续）

排名	发明人	专利数量
3	万宏宇 立德高科（北京）数码科技有限责任公司	1
3	于健美 中国科学院合肥物质科学研究院	1
3	于志强 航天信息股份有限公司	1
3	于晋康 中国联合网络通信有限公司广东省分公司	1
3	仲建忠 深圳市检验检疫科学研究院	1
3	何道敬 华东师范大学	1
3	潘晓勇 四川长虹智能制造技术有限公司	1

第14章 韶关现代农业产业可供引进人才分析

14.1 农业实时监控技术领域人才分布

如图14-1所示，从农业实时监控技术领域年度申请量看，各申请人的专利申请量整体均呈上升趋势。申请量排名前5的单位分别为高校或科研院所，其在该领域申请量均超过200件。这5家单位分别是中国农业大学、江苏大学、浙江大学、西北农林科技大学和北京农业信息技术研究中心。

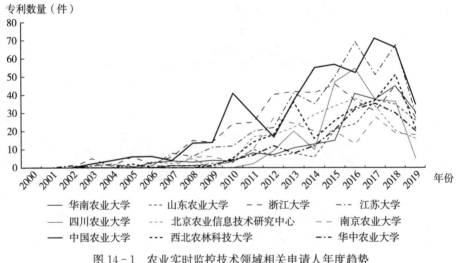

图14-1 农业实时监控技术领域相关申请人年度趋势

下面结合有关数据图表，对这五家单位的发明人情况进行简要分析。

申请总量最大的是中国农业大学，共申请农业实时监控技术领域专利509件，其中发明专利申请411件，实用新型专利申请98件。

由图14-2和图14-3可知，中国农业大学农业实时监控技术领域专利的发明人李道亮、彭彦昆、张小栓、李民赞、位耀光、傅泽田、李保明、施正香、汤修映、郑立华位列前10位。

如图14-4所示，对中国农业大学农业实时监控技术领域相关发明人的合作情况进行了简要的分析，可以看出排名靠前的发明人均有为数不少的合

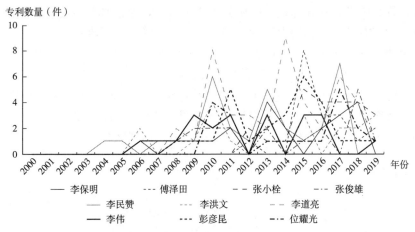

图 14-2　农业实时监控技术领域发明人趋势分析（中国农业大学）

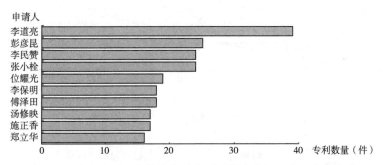

图 14-3　农业实时监控技术领域发明人排名分析（中国农业大学）

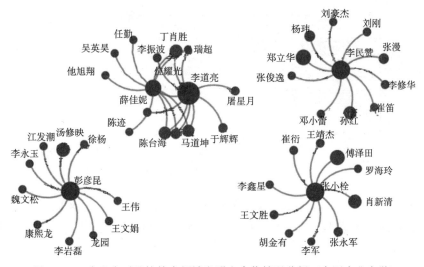

图 14-4　农业实时监控技术领域发明人合作情况分析（中国农业大学）

作者，且其中必然有导师指导的研究生或本科生，而这些学生在毕业时必然面临就业，若对其中具有潜力的学生进行重点关注或可有所收获。

由图 14-5 和图 14-6 可见，江苏大学农业实时监控技术领域发明人在近 10 年间较为活跃，李耀明、毛罕平、徐立章、梁振伟、李萍萍、胡建平、张晓东、韩绿化、孙俊、陈进按照申请专利的数量位列前 10 位。相关发明人合作情况如图 14-7 所示，江苏大学的李耀明、徐立章和梁振伟有较多的合作，而与毛罕平、李萍萍合作较少（在图中未见其产生联系）。

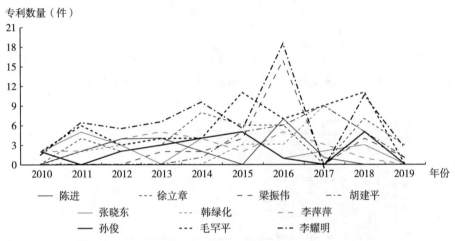

图 14-5　农业实时监控技术领域发明人趋势分析（江苏大学）

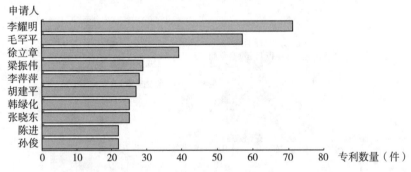

图 14-6　农业实时监控技术领域发明人排名分析（江苏大学）

浙江大学在农业实时监控技术领域的发明人中，何勇、应义斌、王俊、叶瑛、黄元凤、王剑平、陈雪刚、蒋焕煜、冯雷、夏枚生按照申请专利的数量位列前 10 位，如图 14-8、图 14-9 和图 14-10 所示。

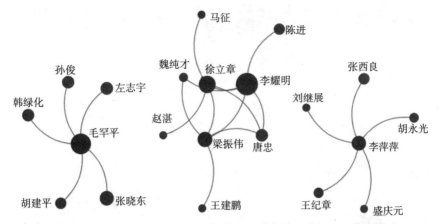

图 14-7　农业实时监控技术领域发明人合作情况分析（江苏大学）

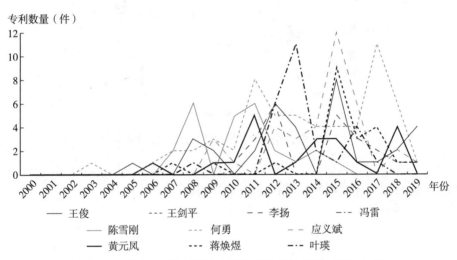

图 14-8　农业实时监控技术领域发明人趋势分析（浙江大学）

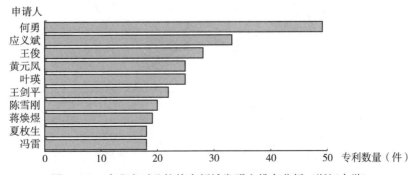

图 14-9　农业实时监控技术领域发明人排名分析（浙江大学）

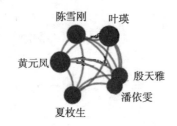

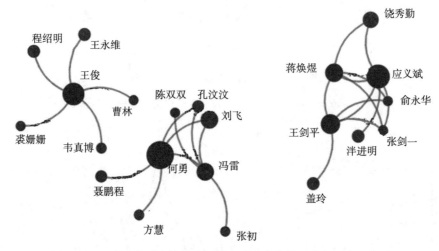

图 14-10　农业实时监控技术领域发明人合作情况分析（浙江大学）

由图 14-11 至图 14-16 可见，农业实时监控技术领域具有较多的活跃申请人，在技术人才引进方面可有较宽泛的选择。

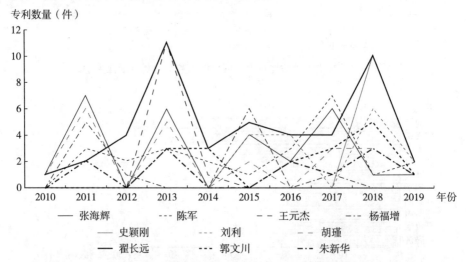

图 14-11　农业实时监控技术领域发明人趋势分析（西北农林科技大学）

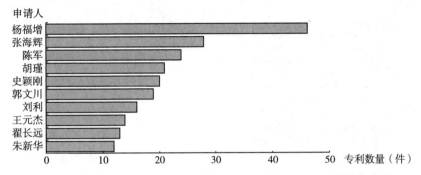

图 14-12　农业实时监控技术领域发明人排名分析（西北农林科技大学）

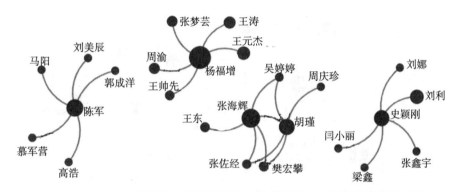

图 14-13　农业实时监控技术领域发明人合作情况分析（西北农林科技大学）

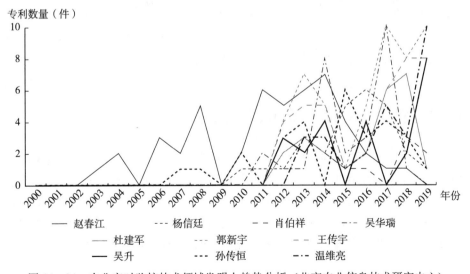

图 14-14　农业实时监控技术领域发明人趋势分析（北京农业信息技术研究中心）

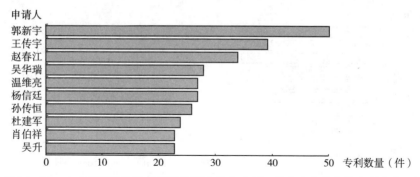

图 14-15　农业实时监控技术领域发明人排名分析（北京农业信息技术研究中心）

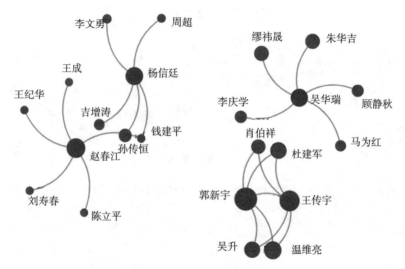

图 14-16　农业实时监控技术领域发明人合作情况分析（北京农业信息技术研究中心）

14.2　农业可变速率技术领域人才分布

　　如图 14-17 和图 14-18 所示，从申请人年度趋势看，农业可变速率技术相关专利申请集中在近 10 年内，表明近 10 年内农业可变速率技术发展较快。中国农业科学院农田灌溉研究所在 2011 年、2017 年和 2018 年的年申请数量超过 30 件，且以申请量 164 件居于首位。申请量大于 100 件的单位按顺序排名分别为中国农业科学院农田灌溉研究所、四川农业大学、昆明理工大学和山东农业大学。

　　下面结合有关数据图表，对这四家单位的发明人情况进行简要分析。

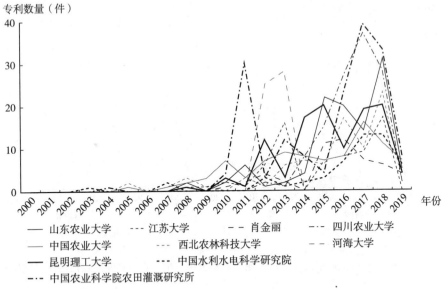

图 14 - 17　农业可变速率技术领域相关申请人年度趋势

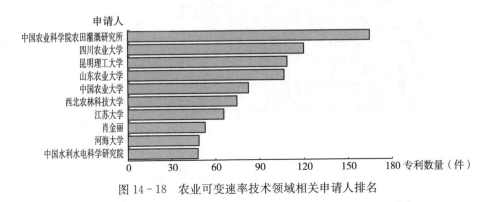

图 14 - 18　农业可变速率技术领域相关申请人排名

由图 14 - 19 至图 14 - 21 可见，中国农业科学院农田灌溉研究所农业可变速率技术领域专利的发明人孙浩、韩启彪、高胜国、段福义、李浩、黄修桥、邓忠、吕谋超、宗洁、蔡九茂列位前 10 位，且经分析发现上述申请人有较密切的合作关系。

由图 14 - 22 可见，四川农业大学农业可变速率技术领域发明人张志亮、郑彩霞、唐懿、李焕秀、余雪娜、孙国超、汪志辉、代琳、刘郑琦、吴小丽按照申请专利的数量位列前 10 位。相关发明人合作情况如图 14 - 23 所示，四川农业大学在农业可变速率技术领域具有多个研究团队从事相关研究。

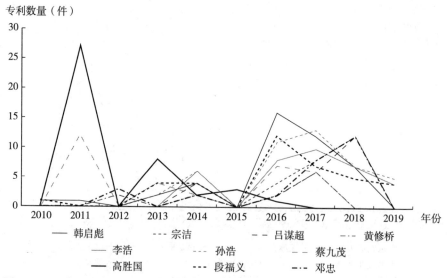

图14-19 农业可变速率技术领域发明人趋势分析（中国农业科学院农田灌溉研究所）

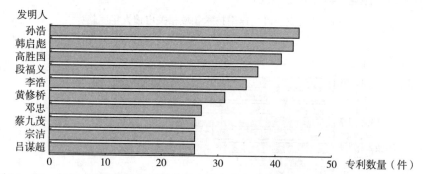

图14-20 农业可变速率技术领域发明人排名分析（中国农业科学院农田灌溉研究所）

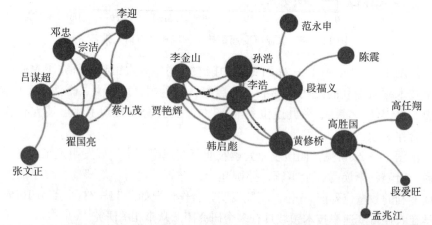

图14-21 农业可变速率技术领域发明人合作情况分析（中国农业科学院农田灌溉研究所）

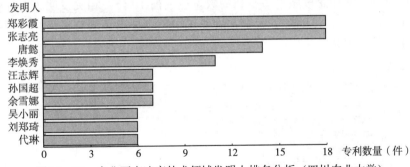

图 14 - 22 农业可变速率技术领域发明人排名分析（四川农业大学）

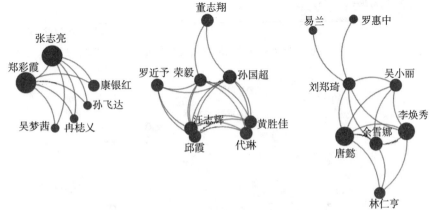

图 14 - 23 农业可变速率技术领域发明人合作情况分析（四川农业大学）

由图 14 - 24 和图 14 - 25 所示，昆明理工大学在农业可变速率技术领域的发明人中杨启良、刘小刚、贾维兵、齐亚峰、武振中、王心乐、冷险险、孙光

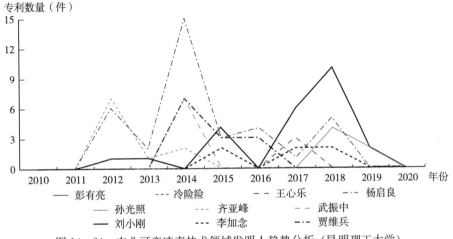

图 14 - 24 农业可变速率技术领域发明人趋势分析（昆明理工大学）

照、彭有亮、李加念按照申请专利的数量位列前 10 位。相关发明人合作情况如图 14 - 26 所示，昆明理工大学在农业可变速率技术领域有杨启良教授团队和刘小刚教授团队。

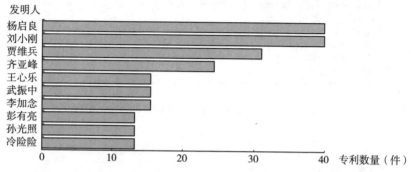

图 14 - 25　农业可变速率技术领域发明人排名分析（昆明理工大学）

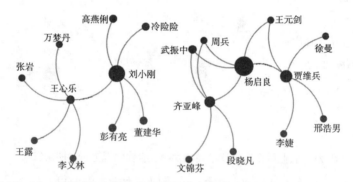

图 14 - 26　农业可变速率技术领域发明人合作情况分析（昆明理工大学）

由图 14 - 27 至图 14 - 29 所示，山东农业大学在农业可变速率技术领域的

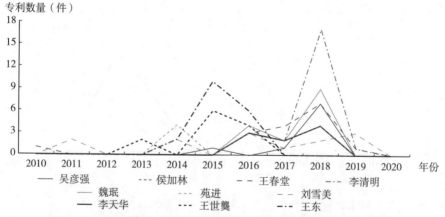

图 14 - 27　农业可变速率技术领域发明人趋势分析（山东农业大学）

发明人中，李天华、王东、侯加林、苑进、魏珉、刘雪美、王世奥、王春堂、李清明、吴彦强按照申请专利的数量位列前 10 位。农业可变速率技术领域亦具有较多的活跃申请人，在技术人才的引进方面可有较宽泛的选择。

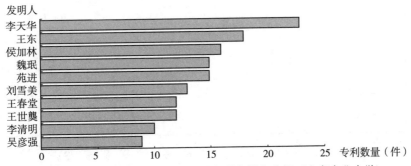

图 14 - 28　农业可变速率技术领域发明人排名分析（山东农业大学）

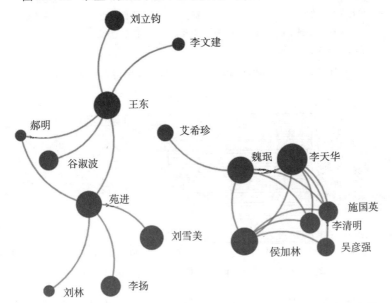

图 14 - 29　农业可变速率技术领域发明人合作情况分析（山东农业大学）

14.3　农业图像识别技术领域人才分布

如图 14 - 30 和图 14 - 31 所示，从申请人年度趋势看，农业图像识别技术相关专利申请量近年逐年增加，技术发展较快。中国农业大学的申请量持续较高，并以总量 105 件排在首位。申请量大于 70 件的单位按顺序排名分别为中国农业大学、江苏大学和华南农业大学。

专利数量（件）

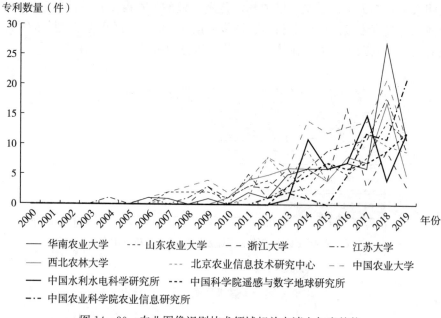

图 14-30　农业图像识别技术领域相关申请人年度趋势

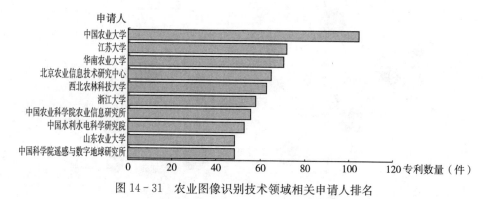

图 14-31　农业图像识别技术领域相关申请人排名

下面结合有关数据图表，对这三家单位的发明人情况进行简要分析。

由图 14-32 可见，中国农业大学农业图像识别技术领域专利的发明人李道亮、陈英义、刘刚、张小栓、高万林、傅泽田、冯娟、孙龙清、李鑫星、郑丽敏位列前 10 位。

由图 14-33 和图 14-34 可见，江苏大学农业图像识别技术领域发明人毛罕平、张晓东、左志宇、刘星桥、高洪燕、张红涛、孙俊、朱伟兴、李新城、魏新华按照申请专利的数量位列前 10 位。相关发明人合作情况如图 14-35 所示，江苏大学在农业图像识别技术领域具有以毛罕平教授为核心的研究团队，以及以刘星桥教授为代表的研究团队。

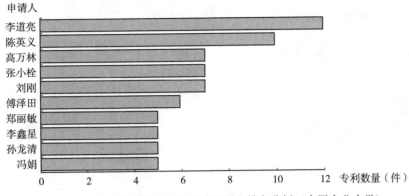

图 14-32　农业图像识别技术领域发明人排名分析（中国农业大学）

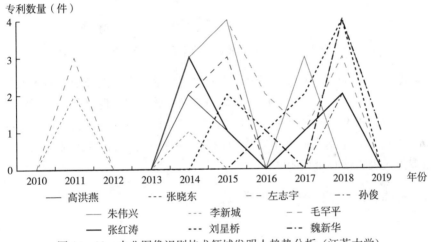

图 14-33　农业图像识别技术领域发明人趋势分析（江苏大学）

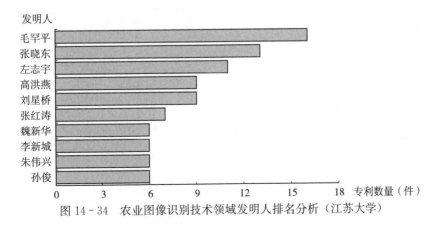

图 14-34　农业图像识别技术领域发明人排名分析（江苏大学）

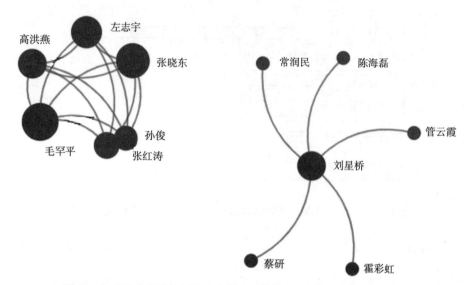

图 14 - 35　农业图像识别技术领域发明人合作情况分析（江苏大学）

　　如图 14 - 36 和图 14 - 37 所示，华南农业大学在农业图像识别技术领域的发明人罗锡文、兰玉彬、周志艳、马旭、齐龙、张铁民、陈林涛、冯健昭、刘永鑫、岳学军按照申请专利的数量位列前 10 位。相关发明人合作情况如图 14 - 38所示，华南农业大学在农业图像识别技术领域有罗锡文院士和兰玉彬教授为代表的核心研究团队。

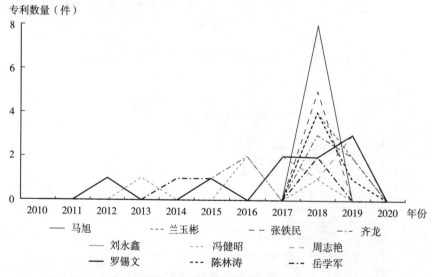

图 14 - 36　农业图像识别技术领域发明人趋势分析（华南农业大学）

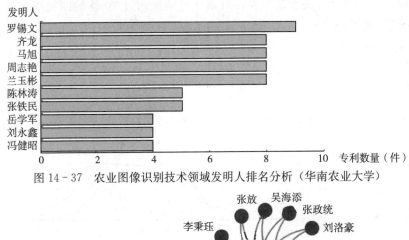

图 14-37 农业图像识别技术领域发明人排名分析（华南农业大学）

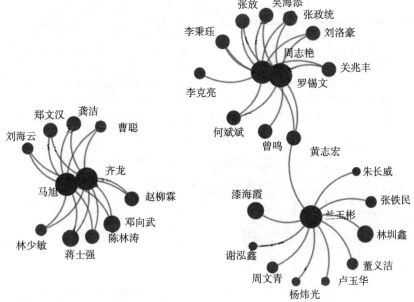

图 14-38 农业图像识别技术领域发明人合作情况分析（华南农业大学）

14.4 农业无人机（植保无人机）应用技术领域人才分布

如图 14-39 和图 14-40 所示，从申请人年度趋势看，农业无人机（植保无人机）应用技术相关专利申请量于 2014 年首次突破 50 件，自 2016 年起有快速增加的趋势。与企业相比，高校科研院所的专利申请量增幅并不剧烈，体现了有关研究的持续性。华南农业大学以专利申请量 125 件在农业无人机（植保无人机）应用技术领域排名第一，紧随其后的是广州极飞科技有限公司、青岛锐擎航空科技有限公司、深圳市大疆创新科技有限公司和清远市巨劲科技有限公司。下面结合有关数据图表，对累计申请量超过 70 件的四家单位的发明人情况进行简要分析。

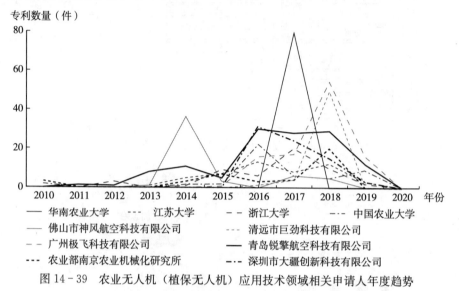

图 14-39　农业无人机（植保无人机）应用技术领域相关申请人年度趋势

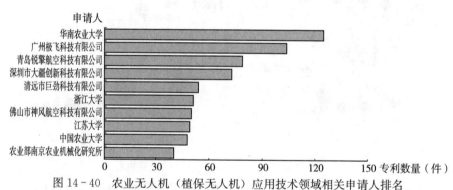

图 14-40　农业无人机（植保无人机）应用技术领域相关申请人排名

　　由图 14-41 和图 14-42 可见，华南农业大学农业无人机（植保无人机）应用技术领域专利的发明人兰玉彬、李继宇、周志艳、姚伟祥、罗锡文、陈盛德、臧英、张亚莉、欧阳帆、林晋立位列前 10 位。如图 14-43 可见华南农业大学相关研究团队联系较为紧密，以兰玉彬教授为核心构成较好的交叉与合作。

　　华南农业大学具有国家精准农业航空施药技术国际联合研究中心，持续在该技术领域投入力量进行技术研发。华南农业大学与申请量第 4 名的深圳市大疆创新科技有限公司具有产学研合作关系，成立"华南农业大学—大疆创新农用无人机联合实验室"，在农用无人机高效撒播关键技术及作业标准、植保无人机关键技术及作业标准、农业航空专用药剂、农业低空遥感信息获取与解析等方面开展协同创新，推进我国精准农业的发展。

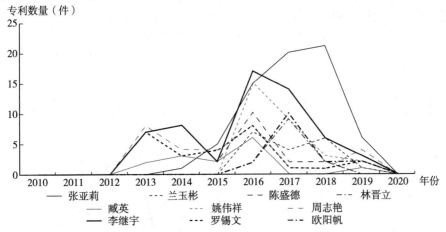

图 14 - 41　农业无人机（植保无人机）应用技术领域发明人趋势分析（华南农业大学）

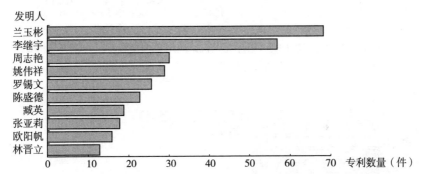

图 14 - 42　农业无人机（植保无人机）应用技术领域发明人排名分析（华南农业大学）

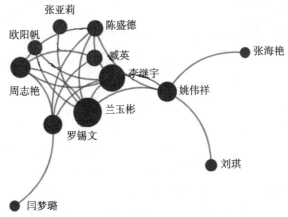

图 14 - 43　农业无人机应用技术领域发明人合作情况分析（华南农业大学）

由图 14 - 44 和图 14 - 45 可见，广州极飞科技有限公司农业无人机（植保无人机）应用技术领域发明人彭斌、刘波、金晓会、代双亮、李杰孙、陈章、李晟华、萧延强、吴斌、何俊毅按照申请专利的数量位列前 10 位。

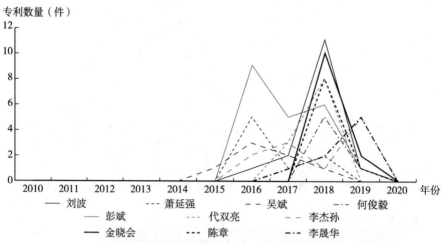

图 14 - 44　农业无人机（植保无人机）应用技术领域发明人趋势分析
（广州极飞科技有限公司）

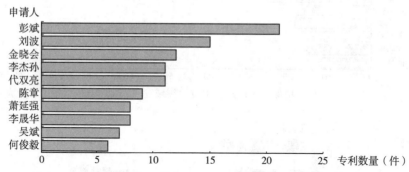

图 14 - 45　农业无人机（植保无人机）应用技术领域发明人排名分析
（广州极飞科技有限公司）

总申请量排名第 3 的青岛锐擎航空科技有限公司在农业无人机（植保无人机）应用技术领域的发明人仅有徐金琨一人，其申请的 79 件专利均为实用新型专利，申请时间均为 2017 年，目前其中 75 件已失效，仅 4 件有效。

由图 14 - 46 至图 14 - 48 可见，深圳市大疆创新科技有限公司农业无人机（植保无人机）应用技术领域发明人吴晓龙、吴旭民、周乐、王春明、王俊喜、常子敬、钟和立、黄稀荻、周万仁、徐节文按照申请专利的数量位列前 10 位。深圳市大疆创新科技有限公司与华南农业大学具有合作关系。

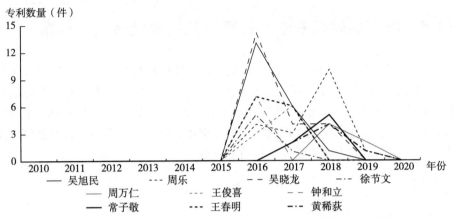

图 14 - 46　农业无人机（植保无人机）应用技术领域发明人趋势
（深圳市大疆创新科技有限公司）

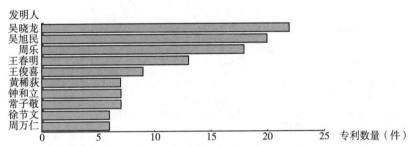

图 14 - 47　农业无人机（植保无人机）应用技术领域发明人排名
（深圳市大疆创新科技有限公司）

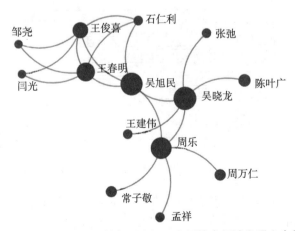

图 14 - 48　农业无人机（植保无人机）应用技术领域发明人合作情况
（深圳市大疆创新科技有限公司）

14.5 农产品质量安全及管理溯源技术领域人才分布

如图 14-49 和图 14-50 所示，从申请人年度趋势看，农产品质量安全及管理溯源技术相关专利申请量从 2016 年起有快速增加的趋势。北京农业信息技术研究中心以专利申请量 23 件在农业农产品质量安全及管理溯源技术领域排名第一。紧随其后的是成都信息工程大学和常州大学。下面结合有关数据图表，对全部申请的发明人情况进行简要分析。

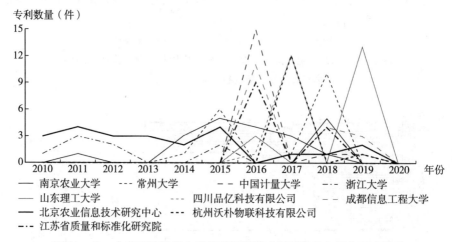

图 14-49　农产品质量安全及管理溯源技术领域相关申请人年度趋势

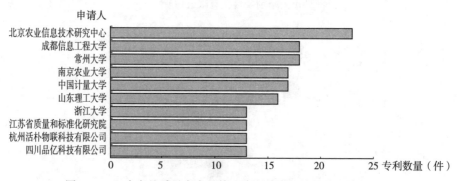

图 14-50　农产品质量安全及管理溯源技术领域相关申请人排名

如图 14-51 和图 14-52 所示，农产品质量安全及管理溯源技术领域专利的发明人付贤树、俞晓平、叶子弘、崔海峰、朱西平、冯浩雄、张雅芬、苟智坚、兰玉彬、刘建国位列前 10（已剔除不公布发明人的数据）。如图 14-53 所示，在农产品质量安全及管理溯源技术领域中国计量大学的付贤树教授团队的申请量最大，其次是成都信息工程大学的朱西平教授团队。

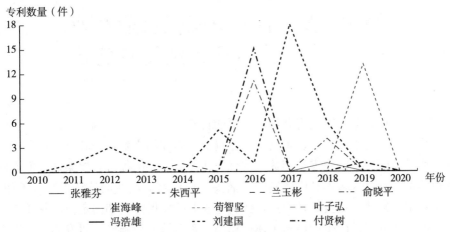

图 14 - 51　农产品质量安全及管理溯源技术领域发明人趋势分析

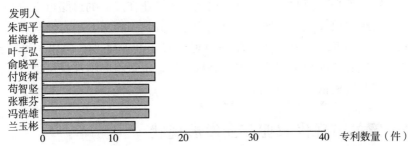

图 14 - 52　农产品质量安全及管理溯源技术领域发明人排名分析

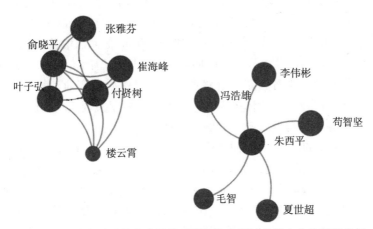

图 14 - 53　农产品质量安全及管理溯源技术领域发明人合作情况分析

第 15 章 韶关市现代农业产业
分析评议结论及建议

　　韶关市在农业发展上有着得天独厚的自然禀赋，地域广阔、气候宜人、雨量充沛。充足的水利资源、丰富的林业资源、多样的生物资源和全省排名第一的人均耕地面积，都是支持韶关市现代农业产业发展的优越自然条件。但不能忽视的是，也有许多不利因素制约着韶关市现代农业产业的持续进步。例如，农业对全市经济总量贡献较少；现代特色农业的发展究竟如何定位；农业产业中占绝大部分规模的生产经营主体规模小、资金缺、设施老、研发弱；从事农业生产的劳动力多数学历文化和综合素质偏低；特色农业产业的科技含量不高、创新能力不强。因此，韶关市的现代农业产业在发展的道路可以说是任重而道远，要顺应政策趋势，发挥传统优势、补齐发展短板、培育经营和创新主体、充分地挖掘发展潜力，推动韶关市现代农业产业稳步、健康、可持续发展。结合前叙各章的相关调研数据和分析结果，本章将归纳评议结论，提供一些对策建议和决策依据。

15.1　韶关市现代农业产业发展现状

　　从经济总量上来看，韶关市 2020 年全市生产总值为 1 357.49 亿元，比上一年增长 3.0%。其中：第一产业增加值 198.36 亿元，增长 4.5%；第二产业增加值 468.8 亿元，增长 4.5%；第三产业增加值 690.33 亿元，增长 1.8%。三次产业结构比例为 14.7∶34.3∶51.0。农业生产总值占比仅有 14.7%，贡献量较小。

　　从产业发展现状来看，韶关市初步形成了以优质稻产业、特色水果产业、茶叶产业与花卉产业、农业休闲观光产业为特色的韶关现代农业产业。在重点龙头企业的培育上也初见成效。发展情况见表 15-1。

　　畜牧业方面，韶关市主要饲养猪、牛、三鸟等，与其他特色产业相比，还没有形成规模化。在农业龙头企业的数量上，韶关共有市级农业龙头企业 144 家，其中国家级农业龙头企业 1 家，省级重点龙头企业 48 家。全市有效期内的"三品"（无公害农产品、绿色食品及有机农产品）认证产品 257 个、国家地理标志保护产品 13 个、国家农产品地理标志 1 个、省级农业名牌产品 111 个（截至 2020 年底）。

表 15-1　韶关现代农业产业发展概况（截至 2020 年底）

产业名称	发展地域	特色产品	发展情况	其他
优质稻产业	全市 31 个水稻主产乡镇	优质稻	建成 120 万亩相对集中连片、旱涝保收、高产稳产的优质稻生产基地	形成了"白马牌"油粘米和"金友牌"稻米两个省内知名优质米品牌
特色水果产业	浈江、始兴、仁化等浈江流域	沙田柚、柑橘、杨梅、枇杷	特色水果的产业带形成	—
	翁源、乐昌、曲江等区域	桃、李、梨		
茶叶产业	全市范围	茶叶	种植面积超 8 万亩	规模种植基地（种植面积 50 亩以上）400 多个
花卉产业	翁源（粤台农业合作试验区）	兰花	种植面积超 1.5 万亩	全国最大的国兰生产基地
农业休闲观光产业	全市范围	农家乐、休闲观光园	全国休闲农业与乡村旅游示范县 2 个，全国美丽休闲乡村 4 个，省休闲农业与乡村旅游示范镇 13 个，示范点 28 个	带动农户数共32 850 户，年接待游客已超过 675 万人次，年营业收入已超过 132 435 万元

　　根据上述数据可以看出，韶关市现代农业产业的主要贡献产出点集中在种植业，初具规模的产业基本与粮食和农业经济作物有关。需要注意的是，商品化的特色农产品主要为初级农产品，加工程度和附加值均有待提升。

　　在畜牧业方面，韶关市的养殖历史久，并且有地域辽阔、土地资源和农副产品资源丰富、农牧结合条件好的优势。在广东省农业农村厅 2019 年 4 月出台的《广东生猪出栏规划》中提出，在全省生猪产量到 2020 年要缩减1 945 万头的大环境下，作为粤北主要产区的韶关市，虽然总目标有缩减，但相较本地区近几年的生猪计划出栏目标，数量不降反增。

　　此外，韶关市优异的林业资源、多样的生物资源和丰沛的水资源，对于发展立体化的生态禽类养殖产业也有着无可比拟的区域优势。在当前消费者越发重视食品安全和食品风味的市场环境下，健康、安全且美味的优质绿色农产品具有较高的经济价值和广阔的市场前景。

15.2　专利数据分析结论

　　根据 2020 年 4 月韶关市知识产权局统计数据，韶关市专利申请总量在全广东省 21 个地级市中排名第 14 位，位居中等偏下。其中，韶关市现代农业产业上的专利申请总量偏少，仅 179 件，除了在五个主要现代农业技术主题上进行专利布局外，在自动化农业机械、无土栽培、肥料制作、植物油提取炼制、植物育种、基因改良技术、农药生产和农田土壤修复技术上也有专利分布，但各细分领域专利数量较少，未形成明显的技术优势。

　　韶关市的农业类专利申请在 2008 年之后增长快速，2018 年总申请量首次突破 400 件。韶关市的农业类技术专利总申请量为 1 994 件，其中发明专利、实用新型和外观设计专利的申请占比约为 3∶5∶2，实用新型专利申请占比超过一半，是总体的专利授权比例在七成以上的一个影响因素。对专利的法律状态进行统计，发现其中失效或无效专利占比偏大，约 52.9%；此外，有 28 件专利发生了转让，9 件专利产生了质押融资，专利的运营管理有较大的发展空间。韶关市的农业类专利申请排名前 10 的申请人中，类型最多的是个人，其次是企业，第三是高校科研院所。

　　通过分析韶关市 27 家广东省菜篮子基地企业、2019 年新增的 11 家省重点农业龙头企业和农业产业化国家重点龙头企业及韶关市 7 家出口示范基地企业的专利信息情况发现，上述三类企业的专利申请总量均很少，申请量最多的企业是翁源县天下泽雨农业科技有限公司，拥有发明专利申请 6 件，实用新型专利申请 12 件。有专利申请的企业总数为 11 家，占比不到三成。说明韶关的农业类企业在专利的申请布局上，重视程度有待提升。

　　韶关市的现代农业技术方向的专利申请占全部农业类专利申请量的 9%，申请趋势与农业类专利大致相同。但专利的有效量比农业类专利的比例高，且绝大多数为发明专利或实用新型专利。此外，失效与无效专利的比例只占同类型农业相关专利的 5.7%。同类型专利的申请人，占比最多的是企业，其次是个人，第三是高校。高校申请人的数量较少，但申请量占比很大，排名第一的韶关学院，在前 10 位的申请人的总申请量占比为 36.1%。综合专利申请的类型结构、有效专利占比和技术分布领域来看，相较韶关市的农业类专利，现代农业技术方向专利的技术深度和质量水平都更高。

　　韶关市重点申请人相关专利信息分析的结果显示，高校科研院所类申请人在专利申请的数量和质量上都更具优势。第一，技术方向上具有明显的研究型创新主体的特点，技术研发更多聚焦在基础性研究方向，如育种、基因改良、杀虫剂、植物生长调节剂等门槛较高的农业技术；第二，发明专利的占比达到一半以上，说明技术的创新程度较高；第三，专利申请的时间和批次分布均匀，符合专利产出的一般规律；第四，授权专利的 5 年有效维持率相对较高；第五，授权专利中，失效或无效专利比例适中。

企业类申请人的特点也比较明显，主要有以下四点：第一，专利申请布局的结构类型中，发明专利的占比偏低；第二，专利申请的时间较集中；第三，专利授权后，权利的维持年限较短；第四，专利申请总量大，但无效专利的占比畸高。这些特点反映出来的问题是，企业类的申请人在创新研发工作的推进中缺乏规划，专利申请缺少持续性，专利技术质量仍有待提高，并且专利的管理水平有待提高。

韶关市高强度专利数据分析的结果显示，在相对重要的技术方向上，已经有了同族专利的布局意识，并且有 PCT 国际专利的申请，不过同族数量还比较少，布局的地域也比较单一。因为 PCT 专利尚未进入国家阶段，所以对申请人的地域布局规划无从了解。从已公开的数据来看，除中国大陆之外，在日本和中国台湾地区有专利申请，但均已失效。强度较高的专利也出现了成功转让的案例，如名为"一种空调控制系统"（公开号：CN203704244U）的实用新型专利，涉及植物种植、动物养殖环境空调系统的智能化控制技术领域，在 2017 年 3 月发生了权利变更。变更前，权利人是韶关市南雄市百顺镇百顺村的黄志海，变更后，权利人是深圳市百智康科技有限公司。此外，韶关市仁化县鑫宇生态开发有限公司的一件发明专利申请，涉及兰科石斛类组织培养育苗技术及仿野生栽培领域，名为"铁皮石斛绑树栽培方法"（公开号：CN102823401A），专利强度得分较高，并且被引用次数达到 35 次，表明该专利技术的重要程度较高，但是由于申请被驳回，未能获得授权，并且经补充检索发现，该申请人后续也未在此技术基础上挖掘和布局新的专利申请，使得本项技术在公开之后，变成了一项可以为公众随意利用的技术。

韶关市农业技术人才分析的结果显示，在韶关市现代农业技术方向上的专利发明人中，排名第一的是乳源瑶族自治县一峰农业发展有限公司的黄剑华，拥有 11 件专利申请。发明人数量最多的前 4 个单位分别是广东丹霞农机有限公司、韶关学院、广东省烟草南雄科学研究所和韶关市南北通汽车用品有限公司。技术领域分布最集中的三个方向分别是：农作物灌溉设备及配套设备与技术；农业无人机应用技术；农作物育种与繁殖技术。此外，在联合收割机、谷物脱粒机、植物油脂提炼技术、烟叶病虫害的生物防治技术等方向上也有专利分布。发明人分属的单位类型主要有企业、大专院校。分析这部分发明人的专利申请，授权专利的 5 年有效维持率最高的单位是韶关学院，专利维持期最长的一件，为 8.46 年。

韶关市在农产品品质安全、防伪和产地溯源技术方向上没有专利布局，经补充检索，仅有相关度较低的 8 件专利，多为产品防伪包装专利。对于地理标志农产品和地理标志商标丰富的韶关市，为了做强品牌和维持韶关市出产特色农产品的美誉度，相关的农产品防伪和溯源技术是具有良好的应用前景和实际需求的。通过分析相关专利，发现经过近几年的发展，这一技术领域已经出现了较多的成熟技术，积累了很多专利成果。在这部分专利成果中有一定比例的失效专利，并且有部分失效专利质量较好，失效专利已经公开的技术能够直接应用，或者作为技术研发的起步基础。对于韶关而言，可以考虑将农产品品质安全、防伪和产地溯源技术纳入今后专利研发和布局。

通过对韶关市专利申请文献的国民经济产业专利总量分布情况分析发现，制造业在韶关市的专利申请总量排名第一，占比为 86.53%，排名第二到第五的是：居民服务、修理和其他服务业，建筑业，电力、热力、燃气及水生产和供应业，以及农、林、牧、渔业，占比分别为 8.21%、1.98%、1.21%、1.16%、0.49%。可见，相比全省，韶关市专利申请量中制造业占比更高，达到 85% 以上。农、林、牧、渔业的比例不足一成，与全省的情况相对保持一致。作为粤北农业大市的韶关市，在现代农业产业方向上的专利布局工作具有可挖掘的潜力。

15.3 韶关市发展现代农业产业的产业布局建议

在 2020 年 3 月广东省工业和信息化厅发布的《广东省工业和信息化厅关于印发〈广东省培育发展"双十"产业集群行动计划编制工作方案〉的通知》（以下称为《〈"双十"产业集群〉通知》）中，明确提出要将现代农业与食品产业集群确定为广东省的十大战略性支柱产业集群之一。重大利好政策的出台，更加坚定了农业现代产业发展的目标，也使现代农业产业已经成为顺应政策趋势的风口产业，抓住机遇、发挥优势、补齐短板、创造条件深挖韶关现代农业产业发展潜力，对于地方产业形成差异化发展、发挥整体优势，形成整体效应，促进地方产业集群规模、质量、效益进一步提升，要素资源更加集聚协同，综合发展水平不断提高有着重要意义。

现代农业产业有着产业关联度高、链条长、影响面广、带动效果好，具有相当规模且具备继续保持增长的特点，并且如果当前推广效果较好的"农业合作组织＋基地＋公司＋农户"的生产经营机制可以得到有效运行，对于经济欠发达的农村地区，在经济效益、生态效益、社会效益三个方面都可以发挥出巨大的作用。综合政策导向、产业特点和韶关市发展优劣势、发展现状，对于韶关市的现代农业产业的发展，主要有以下六点建议。

15.3.1 紧跟重大政策导向，坚定产业发展目标

"十二五"时期，我国总体上已经步入了加快改进传统农业，发展中国特色农业现代化道路的历史阶段。2009 年起，以农业部启动国家现代农业示范区创建工作为标志，我国现代农业产业开启了现代化农业园区建设的新篇章。从 2004 年至今，连续 17 年的中央 1 号文件均聚焦"三农"：2010 年的《政府工作报告》提出积极推进现代农业示范区建设；2012 年中央 1 号文件提出，依靠创新驱动，引领支撑现代农业建设，强调加快推进前沿技术研究，在农业生物技术、信息技术、新材料技术、先进制造技术、精准农业技术等方面取得一批重大自主创新成果，抢占现代农业科技制高点；2015 年中央 1 号文件提出要走产出高效、产品安全、资源节约、环境友好的现代农业发展道路，并且明确表示要扩大现代农业示范区奖补范围；2016 年是"十三五"规划的开局之年，中央 1 号文件继续提出"着力构建现代农业产业体系、生产体系、经营体系……农林牧渔结合、种养加一体、一二三产业融合发展，让农业成为充满希望的朝阳产业"。2020 年 2 月 5 日发布的《中共中央 国务院关于抓好"三农"领域重点工作确保如期实现全面小康的意见》中，仍然明示要加强现代农业设施建设。提早谋划实施一批现代农业投资重大项目，支持项目及早落地，有效扩大农业投资。加快建设国家、省、市、县现代农业产业园，支持农村产业融合发展示范园建设，办好农村"双创"基地。重点培育家庭农场、农民合作社等新型农业经营主体，培育农业产业化联合体，通过订单农业、入股分红、托管服务等方式，将小农户融入农业产业链中。继续调整优化农业结构，加强绿色食品、有机农产品、地理标志农产品认证和管理，打造地方知名农产品品牌，增加优质绿色农产品供给。

《〈"双十"产业集群〉通知》也将现代农业与食品产业集群确定为广东省的十大战略性支柱产业集群之一。这些信号强烈地表明了我国建设和发展现代农业产业的坚定决心与信念。让农业成为充满希望的朝阳产业的美好愿景不会改变；我国实施乡村振兴战略，坚持农业农村优先发展的路线不会动摇。因此要紧跟重大政策导向，坚定产业发展目标，乘势发展，在布局谋篇的同时需要结合区域的实际情况，分析优劣势，进一步明确农业产业发展的定位，走出差异化、特色化的发展之路。

15.3.2 立足现有优势条件，产业生态同建并重

有关韶关市在现代农业产业发展的优势在前文中已详细分析，在此不予赘述。《广东省实施乡村振兴战略规划（2018—2022 年）》中提到了 5 个坚持，在关于坚持落实全面振兴的论述中，明确地把生态文明建设放到农村经济建

设、政治建设、文化建设、社会建设和党的建设同等重要的高度上来，建设生态宜居美丽乡村也符合广东省实现"四个走在全国前列"、当好"两个重要窗口"的要求。因此，韶关市在建设现代农业产业，发展农业经济时不能以牺牲环境为代价。例如，土地广阔、林业资源丰富是韶关市的优势自然条件，是韶关市发展养殖业的基础和优势，但在发展养殖业的同时也要注意保护耕地、保护水源、避免污染，应选择开展科技含量高、环境影响小且产品经济附加值高的生态养殖业。

发展养殖产业要遵循三大基本原则。一是依法依规，规划用地。既节约用地和保护生态环境，又确保养殖产业的持续健康发展。充分利山、坡地及废弃地，尽可能不占或少占耕地，禁止占用基本农田。二是统筹考虑，科学布局。在做好养殖环保、减少养殖污染的同时，保持合理的畜禽繁殖量、自给率和发展空间，资源约束突出的地区要保持一定的高效环保型畜禽养殖产能，建设高水平养殖企业。三是综合利用，保护环境。遵循种养结合、农牧循环的原则，坚持走生态健康养殖之路，大力推进畜禽养殖废弃物资源化利用，保护区域性种养平衡，优化农业产业资源，保障养殖产业持续、健康、稳定发展。

种植业、农产品精深加工业及休闲农业的建设也是同样道理，总体建议是要立足现有优势条件，产业生态同建并重，建设产业与建设生态同步进行，经济效益和生态效益平衡兼顾。

15.3.3 重视关键主体培育，政产学研金介协同

农业科技支撑力度不足是制约韶关市现代农业产业发展的一个重要因素。全市普遍存在农业科技力量薄弱，科技投入资金不足，高技术的农技人员稀少等问题。随着城镇化、工业化的快速发展，为获得更高的收入和发展机会，越来越多的农村青壮年外出务工，使留守人员成为从事农业生产的主要劳动力。他们对先进科学技术的掌握理解能力相对较弱，技术员缺乏，造成了先进农业技术推广难度大，农业生产科技含量不足。科技和科技人才的短缺严重阻碍了韶关现代农业产业的发展。

重视关键主体培育，制定精准扶持政策，重点支持韶关市的重点高校科研院所和省级以上农业龙头企业对关键技术的科技攻关。在现代农业产业发展的建设中，有两类关键主体是特别关键的，一是作为重要经营主体的核心企业，二是作为重要创新主体的核心企业和高校科研院所。通过分析广东省内的专利数据可以看出，专利申请数量大、质量高的地区往往都是高校科研院所和高新技术企业，甚至行业龙头企业云集的区域。强大的自主创新能力或经济实力是源源不断迭代升级研究成果和技术成果的有力保障。这个趋势在农业产业化的领域非常明显。例如韶关学院，在韶关市共计179件现代农业技术方向上的专

利申请中，韶关学院的申请量为 34 件，占到近两成，并且多件专利保护的技术是当地企业无心或者无力进行研发的良种选育和基因改良等领域。又如农业龙头企业温氏集团，共有专利申请 700 余件，获得授权超过 300 件，且均为发明专利和实用新型专利，显示了雄厚的科研实力和经济实力。

行业龙头企业的带动作用也非常强大。大国小农是中国农业产业的真实现状，我国小农户数量占农业经营主体的 98% 以上，小农户从业人员占农业从业人员的 90%。这是我国农业无法进行规模化、集约化生产，农业生产要素无法进行合理有效配置的重要原因。但是当地如果有实力雄厚的龙头企业，情况就会不同。"农业合作组织＋基地＋公司＋农户"的生产经营机制就有可能发挥作用，相当数量的小农户甚至农村贫困人口就有机会被带动起来。2018 年，公司总营收入达 572.44 亿元的国家级农业龙头企业温氏集团，开展了 783 个产业发展脱贫项目，投入资金 1.68 亿元，帮助建档立卡人口超过 10 万人，其中超过三成已经达到脱贫标准。温氏集团的合作农户（或家庭农场）约 5 万户，全年合计获得养殖收益 81.47 亿元。

政产学研金介协同，是指以企业为主体、政府来主导、学研抓输出、金融添动力、中介做服务为一体的协同共建体系，其核心是深化产学研合作。科技是第一生产力，其对促进经济增长、优化产业结构、增强综合实力发挥着不可替代的作用。在这个体系中，政府可围绕现代农业产业发展的需要，健全政策扶持体系，组织多种形式的产学研活动，主动为企业和各方牵线搭桥；与重点人才建立合作机制，建设技术转化基地，缩短产学研合作距离；创新现代农业产业园管理体制和投资、建设、运营方式，发挥财政资金的引领作用，通过PPP、政府购买服务、贷款贴息等方式，撬动更多金融和社会资本投入产业和园区建设；引入科技中介企业，为产学研合作提供专业化的服务；打造科技中介平台，服务产学研合作发展；打造科技中介企业为产学研合作提供所需要的外部支持，如政策、资本、技术评估、成果转化和产业化等方面的服务；开展对接活动，疏通产学研合作渠道。

15.3.4　优化园区产业结构，健全功能模块布局

2020 年中央 1 号文件明确指出，要加快建设国家、省、市、县现代农业产业园，支持农村产业融合发展示范园建设。在现阶段发展现代农业产业的进程中，现代农业产业园（以下简称产业园）已经成为乡村振兴的重要载体和平台。怎样在区域内做好布局，差异化地选择特色农业产业建设产业园，既能发展当地最具特色的农业产业，避免重复投入，又能协调区域之间优势互补，协同发展是发展韶关现代农业产业的关键。

2018 年 11 月颁布的《建设指引》在主导产业和规划布局两个板块，为产

业园的差异化发展和功能模块布局建设指引了方向。

首先，在产业选择上，提出了"一园一产业"和"一园一品牌"的要求，建议每个产业园在选择产业时，围绕1个主导产业（或2~3个关联度高的特色产业），产业特色突出、生产链条完整、资源要素集聚，功能布局合理，突出产业园的技术集成、产业融合、创新平台、核心辐射等主体功能；推动主导产业农产品"三品一标"认证全覆盖，实现农产品质量安全全程可追溯，建立健全农业品牌培育机制，培育产业园区域公用品牌、产品品牌、企业品牌，打造"粤字号"国家级农产品区域公用品牌、全国知名企业品牌和农产品品牌。同时，在产业链布局上，要符合"生产＋加工＋科技＋营销（品牌）"的要求。

其次，在规划布局上，要与环境容量和资源承载力相匹配，水、电、路、网络、通信基础设施完备。现代种养区，是产业园基础区，为农产品加工提供充足、优质的原料，大田种植或设施种植不限；加工物流区，是产业园核心区，聚集农产品加工企业和仓储物流企业，通过精深加工的农产品提升产品附加值和经济价值，更好地创造效益；休闲农业区，是产业园拓展区，发展休闲观光农业，为游客提供休闲旅游产品和服务；科技研发区，是产业园发展支撑区，可设立科技研发中心，可以由产业园内企业单独或者联合设立；双创孵化区，是产业园发展动力区，鼓励返乡人员创业创新，开展培训辅导工作；综合服务区，是产业园发展的保障区，设立的产业园管理协调机构，可以承担办事、质检、展销等功能。

优化园区产业结构，健全功能模块布局，需要在产业的布局建设上做好大的分工谋划，各个区域都能突出最具特色的产业，避免重复建设，使每个产业园在规划建设之初，综合考虑各个功能板块的分布，做好各地区的分工与协作，在实现规模化的同时实现功能互补、协同发展。这也实现了产品、产业和品牌的同步建设，能有效地提升农产品的附加值。

15.3.5 加强人才引进培养，鼓励开展专利运用

农业技术人才的匮乏，是韶关市现代农业产业发展的明显短板。现代农业领域属于技术门槛较高的行业，需要高素质的专业人才。韶关市部分现代农业产业园和农业龙头企业已经意识到科技支撑对于产业发展的重要性。例如，翁源兰花产业园与广东省农科院合作成立了广东（翁源）兰花研究院，专业化的农业科研机构对兰花新品种的培育、病虫害的防治和当地科技人员的培训发挥了积极作用。位于翁源县龙仙镇的广东信达茧丝绸股份有限公司，已经同华南农业大学、西南大学、江苏大学、广东蚕研所等科研院校建立了产学研教的紧密合作关系，是全国桑蚕业技术标准化委员会的成员单位。但更多的地区，对

于科研工作和人才的引进与培养的重要性还没有重视起来。面临日益加快的技术更新迭代速度，加大对已有技术人才的培养，继续扩大人才规模显得格外重要。鼓励有条件的现代产业园区和企业引入领军型人才，建设博士后科研工作站、院士专家工作站等。

鼓励开展专利运用，发挥专利价值。随着我国知识产权强国战略的逐步推进，越来越多的创新主体都认识到了挖掘专利和布局专利的重要性，并且对于专利运用的认识也逐步深化。专利运用是将专利价值最大化的手段，可以通过转移、许可、技术报酬、损害赔偿金等方式带来直接利益，又能够助力创新主体通过技术竞争优势间接主导产业链和价值链，因此建议韶关市应该多鼓励相关高校及科研单位和企业开展专利运用工作。

韶关市在创新主体挖掘和布局专利时，建议先做好拟申请技术的质量评级和专利申请文件的撰写质量质检，避免出现不适合专利保护的技术申请专利，或者因为申请文件的撰写质量差，出现技术保护不充分或者技术信息披露过多的问题。已经获得专利权的专利，也要进行价值评估和分级管理，并在此基础上按照存量专利的特点，积极尝试开展各种形式的专利运营工作，变专利存量为经济收益。

15.3.6 重视技术创新提升，保护重要知识产权

通过对相关政策信息和韶关实际情况的分析，不难发现现代农业产业的建设与发展对于韶关市而言是挑战，更是机遇。在各种利好政策的持续出台的大环境下，如果韶关市能够把握机遇，乘势将现代农业产业推上发展的快车道，实现跨越式的发展，对于韶关市产业和经济的均衡与可持续发展都具有现实和长远的积极意义。"小康不小康，关键看老乡"，基数庞大的农村人口如何全面实现脱贫致富，农业经济如何实现三产融合，农业生产的质量和效率如何提升，经济生产总产值如何再迈上一个新台阶，这一切问题的答案都在现代农业产业的建设发展之中。

产业的发展离不开技术的持续进步与创新提升，对自主创新科研成果的保护离不开知识产权的布局保护，而知识产权保护除了专利保护，还有商标权、版权与相关权、地理标志权等。截至 2018 年底，除专利外，韶关市有效期内的"三品"（无公害农产品、绿色食品及有机农产品）认证产品 257 个、国家地理标志保护产品 13 个、国家农产品地理标志 1 个、省级农业名牌产品 111 个。这些数据表明了韶关市已经开始重视知识产权的布局与保护，并且已经取得了相应的成果。未来，韶关市在知识产权的保护上，还要继续打好组合拳。首先，要保护好产业园区域公用品牌、产品品牌、企业品牌，这些工作是打造"粤字号"国家级农产品区域公用品牌和全国知名企业品牌、农产品品牌

的前提和基础。其次，要鼓励企业和高校围绕现代农业产业在生产实践中实际遇到的技术问题和难点，积极开展科研攻关和技术创新，并将产出的、适宜专利化保护的自主创新成果进行专利挖掘和专利布局保护；对不适宜专利化保护的，可以作为技术秘密加以保护。

重视技术创新提升，保护重要知识产权，是现代农业产业持续发展过程中关键技术成果和其他智力创造成果能够合法独占使用的重要保障。

15.4　韶关市发展现代农业产业的人才引进建议

在韶关市人才引进的过程中，相关单位能够直接引进有关技术领域最优秀的发明人固然较好，但这类发明人通常为高校教师或者科研单位工作人员，直接引进的难度比较大。可以考虑通过开展合作研究、共建科研平台、提供产学研基地、邀请讲学、邀请技术推广等方式将其智力资源引进到韶关市。同时，当不能直接引进上述发明人时，还可以考虑引进培养的博士、硕士研究生或者合作者。通常排名靠前的发明人均有为数不少的合作者，且其中必然有导师指导的博硕士研究生或本科生，若对其中具有潜力的学生进行重点关注，或可有所收获。

15.5　韶关市现代农业产业关键企业的知识产权管理建议

2019 年 12 月，农业农村部等 8 部委发文公布了第六批农业产业化国家重点龙头企业名单。原韶关市农业龙头企业广东雪印集团有限公司榜上有名。这是继韶关市番灵饲料有限公司之后，韶关市新增的又一家农业产业化国家级重点龙头企业。韶关市已有农业产业化国家重点龙头企业两家。此外，位于翁源县龙仙镇的广东信达茧丝绸股份有限公司是国家扶贫龙头企业，是一家集"农、工、科、贸"为一体的民营企业，是广东省现代产业 500 强（现代农业 100 强）项目实施单位。本书以这两家农业产业化国家重点龙头企业和一家国家扶贫龙头企业作为关键企业样本，进行知识产权信息（专利、商标、软件著作权信息）检索、分析，并给出管理建议。

以广东雪印集团有限公司作为专利权人进行检索。检索结果显示，广东雪印集团有限公司拥有两件外观专利。分别是竹筒架（公开号：CN3046903275）；包装盒（六祖讲经）（公开号 CN3046885185），申请日均为 2018 年 4 月 28 日，为有效状态。

再检索广东雪印集团的其他知识产权信息，检得商标信息 21 件，商标申请信息见表 15-2 和表 15-3。

表 15 - 2 广东雪印集团商标申请信息

序号	类别	注册号	商标	申请日期	注册日期	申请人	使用商品
1	5	11520359	秋之本草	2012-09-20	2014-02-21	广东雪印商贸实业有限公司	补药，药物饮料，中药成药，药酒，胶丸，原料药，医用营养食物，医用营养饮料，医用营养品，药用植物根
2	5	11520392	冬之本草	2012-09-20	2014-07-07	广东雪印商贸实业有限公司	中药成药，药酒，胶丸，原料药，药用植物根
3	5	11520152	春之本草	2012-09-20	2014-04-21	广东雪印商贸实业有限公司	补药，药物饮料，中药成药，药酒，胶丸，原料药，医用营养食物，医用营养饮料，医用营养品，药用植物根
4	5	11520327	夏之本草	2012-09-20	2014-04-21	广东雪印商贸实业有限公司	中药成药，药酒，胶丸，原料药，药用植物根
5	29	9670285	七彩之都	2011-07-01	2012-08-07	广东雪印商贸实业有限公司	猪肉食品，肉，风肠，板鸭，鱼（非活的），干食用菌，腌制蔬菜，食用油，冬菇，木耳
6	29	9670166	猪天下	2011-07-01	2012-08-07	韶关市雪印实业有限公司	猪肉食品，肉，风肠，板鸭，鱼（非活的），干食用菌，腌制蔬菜，食用油，冬菇，木耳
7	29	9702610	七彩游	2011-07-11	2012-08-21	广东雪印商贸实业有限公司	猪肉食品，肉干，肉脯，板鸭，风肠，干食用菌，干蔬菜，食用油，冬菇，木耳
8	29	9702787	七彩谷	2011-07-11	2012-08-21	韶关市雪印实业有限公司	猪肉食品，肉干，肉脯，板鸭，风肠，干食用菌，干蔬菜，食用油，冬菇，木耳
9	29	36095677	雪垦，XUEKEN	2019-01-22	2019-09-07	广东雪印集团有限公司	干蔬菜，干食用菌，蔬菜罐头，火腿，腌制蔬菜，牛肉，鱼丸子，家禽（非活），肉，鱼（非活）

（续）

序号	类别	注册号	商标	申请日期	注册日期	申请人	使用商品
10	30	9670308	七彩之都	2011-07-01	2012-08-07	韶关市雪印实业有限公司	可可制品，茶，糖果，蜂蜜，饼干，糕点，面条，米，调味料，酱菜（调味品）
11	30	9702937	七彩谷	2011-07-11	2012-11-28	韶关市雪印实业有限公司	饺子，包子
12	30	9702697	七彩游	2011-07-11	2012-08-28	广东雪印商贸实业有限公司	咖啡，茶，蜂蜜，以米为主的零食小吃，饼干，糕点，面条，米，含淀粉食品，调味料
13	30	31343116	雪印红	2018-06-01		广东雪印集团有限公司	茶，蜂蜜，谷类制品，以谷物为主的零食小吃，糕点，糖，咖啡，调味品，茶饮料，冰淇淋
14	31	9670215	猪天下	2011-07-01	2012-10-28	韶关市雪印实业有限公司	谷（谷类），植物，活动物，活家禽，坚果（水果），鲜水果，新鲜蔬菜，青蒜，食用植物根，鲜食用菌
15	31	11248255	雪印	2012-07-24	2013-12-21	广东雪印商贸实业有限公司	活动物，活家禽，贝壳类动物（活的），活鱼，虾（活的），新鲜水果，柑橘，枇杷，杨梅，柚子
16	35	9669699	顶餐	2011-07-01	2012-09-14	韶关市雪印实业有限公司	进出口代理，拍卖，替他人推销，替他人采购（替其他企业购买商品或服务）
17	35	9669684	生鲜小筑	2011-07-01	2012-08-07	韶关市雪印实业有限公司	广告，广告策划，商业信息代理，商业管理咨询，组织商业或广告展览，进出口代理，拍卖，替他人推销，替他人采购（替其他企业购买商品或服务），人事管理咨询

（续）

序号	类别	注册号	商标	申请日期	注册日期	申请人	使用商品
18	35	35508459	韶城伴手礼	2018-12-24		广东雪印集团有限公司	张贴广告，货物展出，样品散发，广告宣传，电视广告，商业橱窗布置，为零售目的在通讯媒体上展示商品，广告版面设计，广告材料设计，户外广告
19	39	11248329	雪印	2012-07-24	2013-12-21	广东雪印商贸实业有限公司	货物贮存，汽车运输，铁路运输，货运，仓库出租，观光旅游，货物递送，海上运输，空中运输，贮藏
20	43	9670109	顶餐	2011-07-01	2012-08-07	韶关市雪印实业有限公司	住所（旅馆、供膳寄宿处），流动饮食供应，咖啡馆，餐厅，餐馆，饭店，快餐馆，茶馆，提供野营场地设施，会议室出租
21	43	9835495	食材送	2011-08-11	2012-11-28	韶关市雪印实业有限公司	提供野营场地设施，会议室出租

表 15-3　广东雪印集团软件著作权清单

序号	软件名称	软件简称	版本号	软件著作分类	行业分类	登记日期
1	生鲜食品质量安全追溯系统软件	—	V1.0	应用软件	其他行业	2017-05-31

　　检索结果显示，广东雪印集团在商标的申请布局上比较重视，分别在第5类、29类、30类、35类、39类和43类布局了21件商标。专利方面，有2件外观专利申请并获得授权，目前维持有效。此外，还有1件软件著作权申请，说明其具有一定的知识产权保护意识。

　　本书以韶关市番灵饲料有限公司作为专利申权人，检出1件发明专利，一种仔猪饲料及其制备方法（CN201310690841.5）。法律状态信息显示，登记生效日2016年9月22日，专利权发生了转移。专利权人发生了变更，变更前权利人为广西博士海意信息科技有限公司，变更后权利人为韶关市番灵饲料有限公司。该专利已于 2019 年 12 月 6 日，因为未缴年费专利权终止而失效。

韶关市番灵饲料有限公司共注册了 3 件商标，分别布局在 29 类和 31 类和 35 类，见表 15 - 4。

表 15 - 4　韶关市番灵饲料有限公司商标申请信息

序号	类别	注册号	商标	申请日期	注册日期	申请人	使用商品
1	29	12873830	番雄，PX	2013-07-05	2014-12-21	韶关市番灵饲料有限公司	猪肉食品，肉，肉冻，猎物（非活），火腿，盐腌肉，家禽（非活），腌腊肉，猪肉，肉片
2	31	15449509	番雄，PX	2014-09-30	2015-11-21	韶关市番灵饲料有限公司	活动物，活家禽，饲养备料，牲畜饲料，饲料，家畜催肥熟饲料，动物饲料，动物食用糠料，动物食品，宠物食品
3	35	12873841	番雄，PX	2013-07-05	2014-11-21	韶关市番灵饲料有限公司	进出口代理，拍卖，替他人推销，替他人采购（替其他企业购买商品或服务），市场营销，电话市场营销

本书以广东信达茧丝绸股份有限公司、广东丰信生物科技有限公司、湘潭县信达茧丝绸有限公司和乐安县丰信生物科技有限公司（信达股份控股子公司）作为专利申权人，共检出专利 16 条，主要围绕养蚕设备及技术、缫丝机械及技术布局的发明和实用新型专利。其中 5 件为无效或失效状态，11 件为有效或审查中状态。

在选取的 3 个样本中，广东信达茧丝绸股份有限公司在专利的申请数量、质量和技术布局都表现最佳。作为一家民营科技企业，其积极与西南大学、华南农业大学、江苏大学、广东蚕研所、湖南蚕研所、江西蚕研所等科研院校建立了产学研教的紧密合作关系。

除了积极布局专利保护技术，广东信达茧丝绸股份有限公司还作为全国桑蚕业技术标准化委员会的成员单位，制定了小蚕共育生产技术规程、植物代用茶（桑叶茶）企业标准，设立了博士后科研工作站，创建了"国家星火计划龙头企业技术创新中心""广东蚕业科技创新中心"，其科研实力由此可见一斑，见表 15 - 5。

表 15-5　广东信达茧丝绸股份有限公司专利信息清单

申请号	专利标题	公开号	专利权人	申请日	专利类型	专利状态
CN201910854844.5	一种多层循环式立体养蚕设备	CN110583588A	湘潭县信达茧丝绸有限公司	2019.09.10	发明	审查中
CN201910698374.8	一种利用发酵蚕蛹制作的鳜鱼人工配合饲料	CN110419645A	广东省农业科学院蚕业与农产品加工研究所；广东丰信生物科技有限公司	2019.07.31	发明	审查中
CN201820768208.1	一种机械化清蚕沙装置	CN208574998U	广东信达茧丝绸股份有限公司	2018.05.23	实用新型	有效
CN201820747316.0	一种机械导轨喂蚕装置	CN208462751U	广东信达茧丝绸股份有限公司	2018.05.18	实用新型	有效
CN201820746577.0	一种低噪音热风自动循环烘茧设备	CN208296478U	广东信达茧丝绸股份有限公司	2018.05.18	实用新型	有效
CN201820766597.4	一种双层免穿集绪器	CN208293128U	广东信达茧丝绸股份有限公司	2018.05.22	实用新型	有效
CN201820757387.9	一种新型的缫丝机车头	CN208293127U	广东信达茧丝绸股份有限公司	2018.05.21	实用新型	有效
CN201820746578.5	一种变频传动控制的缫丝复摇设备	CN208293126U	广东信达茧丝绸股份有限公司	2018.05.18	实用新型	有效
CN201820766598.9	一种蚕茧加热锅炉的变频进料装置	CN208293125U	广东信达茧丝绸股份有限公司	2018.05.22	实用新型	有效
CN201820768279.1	一种快速散热烘丝管装置	CN208286349U	广东信达茧丝绸股份有限公司	2018.05.23	实用新型	有效
CN201820758363.5	一种通风排湿的塑料新型蚕蔟	CN208286222U	广东信达茧丝绸股份有限公司	2018.05.21	实用新型	有效
CN201621427959.4	一种空气过滤器的灭菌装置	CN206621571U	乐安县丰信生物科技有限公司	2016.12.24	实用新型	失效或无效
CN201621427972.X	一种可调节水量的蚕蛹清洗槽	CN206596975U	乐安县丰信生物科技有限公司	2016.12.24	实用新型	失效或无效
CN201621427966.4	一种蚕蛹除杂用振动筛筛网	CN206382208U	乐安县丰信生物科技有限公司	2016.12.24	实用新型	失效或无效
CN201621427973.4	一套蚕蛹预处理设备	CN206343382U	乐安县丰信生物科技有限公司	2016.12.24	实用新型	失效或无效
CN201621427955.6	一种蚕蛹自动清洗装置	CN206334914U	乐安县丰信生物科技有限公司	2016.12.24	实用新型	失效或无效

通过检索广东信达茧丝绸股份有限公司的商标信息，发现其在商标申请上同样比较重视，共计申请商标 42 个，其中绝大部分在广东信达茧丝绸股份有限公司名下，广东丰信生物科技有限公司也有 6 项。详情见表 15 - 6。

表 15 - 6　广东信达茧丝绸股份有限公司商标信息清单

类别	注册号	商标名称	申请日期	注册日期	申请人	使用商品
20	12003502	SILDA	2013-01-06	—	广东信达茧丝绸股份有限公司	床垫，芦苇（编织用料），竹木工艺品，装饰珠帘，麦秆工艺品，垫褥（亚麻制品除外），枕头，垫枕，羽绒枕头，木编织百叶窗帘（家具）
22	9857809	SILDA	2011-08-17	2012-10-21	广东信达茧丝绸股份有限公司	包装带，网线，防水帆布，包装用纺织品袋（信封、小袋），丝绳，填料，生丝，纺织纤维，丝棉，茧
22	10074696	桑丝特	2011-10-17	2012-12-14	广东信达茧丝绸股份有限公司	包装带，网线，防水帆布，包装用纺织品袋（信封、小袋），丝绳，填料，生丝，纺织纤维，丝棉，茧
22	12003514	艾丝达	2013-01-06	2014-06-21	广东信达茧丝绸股份有限公司	包装带，丝绳，网线，网织物，纺织品遮篷，包装用纺织品袋（信封、小袋），非橡胶、非塑料制（填充或衬垫用）包装材料，生丝，丝绵，纺织纤维
23	9857850	SILDA	2011-08-17	—	广东信达茧丝绸股份有限公司	厂丝，绢丝，纺织线和纱，精纺棉，线，人造线和纱，纺织用塑料线，纺织用玻璃纤维线，毛线，绳绒线
23	10074667	桑丝特	2011-10-17	—	广东信达茧丝绸股份有限公司	厂丝，绢丝，纺织线和纱，精纺棉，线，人造线和纱，纺织用塑料线，纺织用玻璃纤维线，毛线，绳绒线

（续）

类别	注册号	商标名称	申请日期	注册日期	申请人	使用商品
23	12003520	艾丝达	2013-01-06	2014-06-21	广东信达茧丝绸股份有限公司	棉线和棉纱，丝纱，弹力丝（纺织用），人造丝，麻纱线，纺织用玻璃纤维线，纺织用塑料线，毛线和粗纺毛纱，绒线，人造毛线
24	9857825	SILDA	2011-08-17	2012-10-21	广东信达茧丝绸股份有限公司	纺织织物，纺织品过滤材料，纺织品壁挂，丝绸（布料），纺织品毛巾，床单和枕套，被子，床上用覆盖物，家具遮盖物，洗涤用手套
24	10074628	桑丝特	2011-10-17	—	广东信达茧丝绸股份有限公司	纺织织物，纺织品过滤材料，纺织品壁挂，丝绸（布料），纺织品毛巾，床单和枕套，被子，床上用覆盖物，家具遮盖物，洗涤用手套
24	12003530	艾丝达	2013-01-06	2014-06-21	广东信达茧丝绸股份有限公司	纺织织物，金属棉（太空棉），丝织美术品，造纸毛毯（毛巾），纺织品毛巾，床垫遮盖物，床上用覆盖物，床上用毯，家电遮盖物，纺织品或塑料帘
25	26787414	金桑达	2017-10-10	2018-12-07	广东信达茧丝绸股份有限公司	领带，披肩，成品衣，服装，围巾，帽子，连指手套，领结，皮带（服饰用），袜
29	26721969	艾桑园	2017-09-29	2018-10-14	广东信达茧丝绸股份有限公司	果肉，水果蜜饯，以果蔬为主的零食小吃，食用果冻，水果罐头，干食用菌，腌制蔬菜，以水果为主的零食小吃，水果色拉，果酱

（续）

类别	注册号	商标名称	申请日期	注册日期	申请人	使用商品
31	26786610	金桑果	2017-10-10	2018-10-07	广东信达茧丝绸股份有限公司	植物种子，菌种，饲料，未加工谷种，蚕，籽苗，蚕种，蚕蛹（活的），培育植物用胚芽（种子），活动物
31	26845426	金桑达	2017-10-12	2018-12-28	广东信达茧丝绸股份有限公司	活动物
32	26721969	艾桑园	2017-09-29	2018-10-14	广东信达茧丝绸股份有限公司	以蜂蜜为主的无酒精饮料，无酒精果汁，茶味非酒精饮料，果汁，啤酒，饮料制作配料，无酒精果汁饮料，汽水，果汁饮料，无酒精饮料
32	26704794	艾桑达	2017-09-29	2018-10-14	广东信达茧丝绸股份有限公司	无酒精果汁，果汁，果汁饮料，啤酒，茶味非酒精饮料，汽水，饮料制作配料，无酒精饮料，以蜂蜜为主的无酒精饮料，无酒精果汁饮料
32	26786610	金桑果	2017-10-10	2018-10-07	广东信达茧丝绸股份有限公司	无酒精果汁，无酒精果汁饮料，以蜂蜜为主的无酒精饮料，汽水，啤酒，饮料制作配料，茶味非酒精饮料，果汁，果汁饮料
32	26846614	金桑园	2017-10-12	2018-12-28	广东信达茧丝绸股份有限公司	啤酒
32	26855266	金桑达	2017-10-12	—	广东信达茧丝绸股份有限公司	无酒精果汁，可乐，奶茶（非奶为主），苏打水，豆类饮料，啤酒，矿泉水（饮料），无酒精饮料，绿豆饮料，无酒精鸡尾酒饮料

（续）

类别	注册号	商标名称	申请日期	注册日期	申请人	使用商品
35	9857892	SILDA	2011-08-17	2013-02-07	广东信达茧丝绸股份有限公司	商业区迁移（提供信息），对购买定单进行行政处理，自动售货机出租，寻找赞助
35	10067213	桑丝特	2011-10-14	2012-12-14	广东信达茧丝绸股份有限公司	广告，商业管理辅助，组织商业或广告交易会，替他人推销，人事管理咨询，商业区迁移（提供信息），对购买定单进行行政处理，会计，自动售货机出租，寻找赞助
35	12003539	艾丝达	2013-01-06	2014-06-28	广东信达茧丝绸股份有限公司	广告，广告设计，商业信息代理，为广告或销售组织时装展览，进出口代理，替他人推销，人事管理咨询，办公机器和设备出租，会计，自动售货机出租
31	18806665	丰信蛹肽	2016-01-06	—	广东丰信生物科技有限公司	蚕，蚕蛹（活的），动物食品，饲养备料，动物催肥剂，牲畜强壮饲料，牲畜饲料，饲料，下蛋家禽用备料，宠物食品
31	18806592	蛹肽	2016-01-06	—	广东丰信生物科技有限公司	蚕，蚕蛹（活的），动物食品，饲养备料，动物催肥剂，牲畜强壮饲料，牲畜饲料，下蛋家禽用备料，宠物食品，饲料
31	18806559	图形	2016-01-06	2017-02-14	广东丰信生物科技有限公司	蚕，蚕蛹（活的），动物食品，饲养备料，动物催肥剂，牲畜强壮饲料，牲畜饲料，饲料，下蛋家禽用备料，宠物食品

（续）

类别	注册号	商标名称	申请日期	注册日期	申请人	使用商品
31	22121074	蚕桑生态皖	2016-12-02	—	广东丰信生物科技有限公司	未加工木材，谷（谷类），植物，活动物，新鲜水果，新鲜槟榔，新鲜蔬菜，植物种子，饲料，动物栖息用干草
31	22121264	蚕桑生态饲料	2016-12-02	—	广东丰信生物科技有限公司	未加工木材，谷（谷类），植物，活动物，新鲜水果，新鲜槟榔，新鲜蔬菜，植物种子，饲料，动物栖息用干草
31	22121194	蚕桑生态鸡	2016-12-02	—	广东丰信生物科技有限公司	未加工木材，谷（谷类），植物，活动物，新鲜水果，新鲜槟榔，新鲜蔬菜，植物种子，饲料，动物栖息用干草

　　本书建议广东雪印集团、韶关市番灵饲料有限公司和广东信达茧丝绸股份有限公司，在专利培育和存量专利的管理上，首先对所持专利进行分析评级，要积极关注重要专利年费的续交情况，避免因为欠费产生滞纳金或专利失效；其次是建议样本企业，特别是两家农业龙头企业要注重技术的迭代升级，积极引进有关科研人才，如果引进有困难，也可以先建立密切的合作关系，重视产学研的促进作用，重视科技对于企业未来发展的强劲支撑；最后，对于后续产出的适宜专利化保护的技术，及时进行技术的挖掘和专利的布局，并注重专利申请文件的撰写质量，以加强积累相应的知识产权成果。在商标的管理上，可以根据自身情况继续做好商标的布局与保护，关注重点商标的多类别布局，以及重点商标的谐音、形近字布局，以防止其他企业的恶意注册，并及时关注商标到期信息，提前做好续展工作，避免因过期导致商标失效。此外，对于企业产出的版权、软件著作权等其他智力成果也可以积极地进行保护。

参 考 文 献

[1] 刘巽浩. 21 世纪的中国农业现代化 [J]. 农业现代化研究, 1994 (4): 193 - 196.

[2] 赵其国. 我国现代农业发展中的若干问题 [J]. 土壤学报, 1997 (1): 1 - 9.

[3] 朱江梅. 发达国家现代农业的发展模式及对我国农业的启示 [J]. 对外经贸, 2018 (2): 89 - 92.

[4] 张敏, 秦富, 等. 农业产业化发展: 理论与实践 [M]. 北京: 中国农业出版社, 2014.

[5] 吴重庆, 张慧鹏. 小农与乡村振兴: 现代农业产业分工体系中小农户的结构性困境与出路 [J]. 南京农业大学学报 (社会科学版), 2019, 19 (1): 13 - 24, 163.

[6] 孟建军. 现代农业新概念 [M]. 北京: 中国农业出版社, 2010.

[7] LAMTZIDIS O, PETTAS D, GIALELIS J. A Novel Combination of Distributed Ledger Technologies on Internet of Things: Use Case on Precision Agriculture [J]. Applied System Innovation, 2019, 2 (3): 30.

[8] 周丕东, 黄婧. 欧美发达国家促进农业产业集群发展的主要做法及经验: 以美国、法国、荷兰为例 [J]. 农技服务, 2019, 36 (6): 101 - 102.

[9] KPIENBAAREH D, KANSANGA M, LUGINAAH I. Examining the potential of open source remote sensing for building effective decision support systems for precision agriculture in resource - poor settings. [J]. GeoJournal, 2019, 84 (6): 1481 - 1497.

[10] HAMOUDA Y E M, MSALLAM M M. Smart heterogeneous precision agriculture using wireless sensor network based on extended Kalman filter [J]. Neural Computing and Applications, 2018, 31 (9): 5653 - 5669.

[12] LIU Y C, GAO H M. Traceability Management for the Food Safety along the Supply Chain Collaboration of Agricultural Products [J]. Agriculture, Forestry and Fisheries, 2018, 7 (2).

[13] 白杨. 5G、云计算、区块链等齐发力 科技赋能产业新场景 [Z]. 21 经济网 [2019 - 11 - 22]. https://m.21jingji.com/article/20191122/0bb1d282bbb16f0d377bb35686cbed53.html.

[14] AMIROVA E F, KIRILLOVAOV, KUZNETSOV M G, et al. Internet of things as a digital tool for the development of agricultural economy [J]. BIO Web of Conferences, 2020, 17.

[15] 李国英. "互联网＋" 背景下我国现代农业产业链及商业模式解构 [J]. 农村经济, 2015 (9): 29 - 33.

[16] 史朝阳. "互联网＋" 和供给侧改革下现代农业产业模式及路径 [J]. 科技和产业, 2019, 19 (11): 68 - 72.

[17] 王心馨. 新疆的农业正在发生变化：无人机让农民成了一份超酷的职业 [N].
[2019-10-12]. https://www.thepaper.cn/newsDetail_forward_4635833.

[18] 邱日欣. 沃野田畴尽欢歌 [N]. 韶关日报, 2019-10-06 (1).

[19] 刘萍. 把韶关打造成健康养生养老目的地 [N]. 韶关日报, 2019-11-09 (4).

[20] 张颖. 基于生态位理论的弱势旅游地发展态势及开发策略研究：以粤北山区为例 [J]. 科技和产业, 2019, 19 (7)：29-32.

[21] 代贵金, 王彦荣, 宫殿凯. 日本农业现代化及其对中国的启示 [J]. 中国农学通报, 2019, 35 (3)：158-164.

[22] 李子涵. 美国和日本农业现代化模式能源消耗及其对中国的启示 [J]. 农业展望, 2016, 12 (6)：76-80.

[23] 刘德娟, 周琼, 曾玉荣. 日本农业经营主体培育的政策调整及其启示 [J]. 农业经济问题, 2015, 36 (9)：104-109, 112.

[24] 本报评论员. 以产业兴旺推动乡村振兴 [N]. 韶关日报, 2018-03-24 (1).

[25] 孙万挺, 葛文光, 谢海英, 等. 现代农业园区文献综述 [J]. 合作经济与科技, 2017 (12)：23-25.

[26] 许萍, 郑金龙, 孟蕊. 国家现代农业产业园发展特点及展望 [J]. 农业经济展望, 2018 (8)：25-17.

[27] 从做产品到做品牌 潜江龙虾续写"虾王"神话 [N]. 湖北日报, 2019-12-31 (9).

[28] 杨必洪, 杨雪. 基于产业集群理论的潜江市龙虾产业发展探讨 [J]. 农业经济学, 2016 (10)：293-294.

[29] 农业部渔业渔政管理局调研组. 江汉稻田作出大文章潜江龙虾造就大产业：湖北省潜江市小龙虾产业发展情况调研报告 [J]. 中国水产, 2015 (7)：15-17.

[30] 《市人民政府办公室关于印发潜江市 2019 年春季农资市场暨"虾—稻"生产经营市场集中整治行动方案的通知》解读 [Z]. 潜江市农业局官网. [2019-06-25]. http://www.hbqj.gov.cn/nyzcjd/20190625/182190.html.

[31] 蔡早勤 梁爽. 潜江龙虾区域公用品牌价值 203.7 亿, 位列全国第一 [N]. 长江日报, [2019-06-15]. http://www.cjrbapp.cjn.cn/p/103378.html.